滄海叢刊

比較哲學與文化

（二）

吳森 著

1988

東大圖書公司印行

© 比較哲學與文化（二）

作　者　吳　森
發行人　劉仲文
出版者　東大圖書股份有限公司
總經銷　三民書局股份有限公司
印刷所　東大圖書股份有限公司
地址／臺北市重慶南路一段六十一號二樓
郵撥／〇一〇七一七五—〇號
初　版　中華民國六十八年十二月
三　版　中華民國七十七年三月
編　號　E 10010①
基本定價　叄元貳角貳分
行政院新聞局登記證局版臺業字第〇一九七號

自序

我在出國留學以前，從沒有想到要做一個哲學的學者，哲學的園地對我實在非常隔膜。在香港念中學的時候，立志做一個文學家，曹丕氏的「典論論文」常常給我很大的策勵。「蓋文章，經國之大業，不朽之盛事。年壽有時而盡，榮辱止乎其身，二者必至之常期，未若文章之無窮！」寥寥數語，在我情意的泉源發生了無比的力量。我在高中畢業的時候，曾作「言志」詩一首：

富貴功名不好求，　文章經國志千秋。
淵源學海知多少，　所冀江河萬古流！

讀大學的初期，受廣僑書院中文系主任羅時憲先生的影響最大。他的啓廸使我從文學的藩籬解脫出來，立志以「考據、義理、辭章三者不可偏廢」的態度，來繼承整個國學的統緒。我崇拜的對象，漸漸從李白、杜甫、韓、柳、歐、蘇等轉而為民初的國學大師，其中章太炎和王靜安是我旦暮追求的對象。章氏的「國故論衡」和王氏的「人間詞話」對我的影響簡直不可思議。

民國四十四年，我離港赴台，以第一志願考進了師範大學教育學系，選取國文和英語作輔修科。國文系的主要課程我都修過。由於受已故文字學大師高鴻縉教授的學問和人格所感召，我對文字訓詁着了迷，從而下大苦功。但我對義理和辭章也沒有忽略。那時巴壺天先生教「大一國文」和「詩選及習作」，這兩門課給我在中國文學方面不少訓練和陶冶。義理方面，先後受學於黃建中、田培林、張起鈞、趙雅博、黃振華等老師。我雖然在哲學學科拿很高的成績，但總覺得哲學的內容不夠實在感，沒有什麼經驗的事象和文化的內容來滿足我的求知慾。

師大畢業後，考進了香港新亞研究所。由於該所沒有像高鴻縉先生這一類的文字學大師，我的興趣不得不略為改道。那時最有影響力的老師是唐君毅先生，我為了了解他的思想，盡量買他的著作來讀，覺得他所談的雖然也是哲學，但和其他學者的凌空立說不同。他的重要著作，都有極豐富的文化內容給我們把握。從那時起，我不再認為哲學是空洞無物之學了。隨着我在月會發表「老子人生思想述評」的論文，老師們都認為我很有哲學天分，謝幼偉老師對我的期望尤為懇切。再加以羅時憲老師不斷的鼓勵，張起鈞老師給我獎學金的申請和安排，我於是在一九六〇(民國四十九)年的秋天，毅然遠渡重洋，到美國研習西方哲學。

我到了美國聖路易市 (St. Louis) 華盛頓大學，受學於韓六一 (Lewis E. Hahn)、愛穆禮 (Morris Eames)、及李維 (Albert William Levi) 的門下，其中受李維氏影響最大。我跟他修了六門課，專習當代西方哲學。我最初認識他的時候，他給我很摯誠的勸勉說：「你們中國有悠久的傳統和深厚的文化。你來留學，學習西方思想，目的不在歸依西方文化，而在從學習西方文化獲得對你自己文化更深的認識和了解。」他這幾句話，決定我研究比較文化和比較思想的基本態度。我留學彼邦二十年，仍能保存中國人的本色，謹守中國文化的立場，李維氏給我的勸勉，實在有很大的支持力量。

當今國內國外研習比較哲學的大有其人，但我敢相信我的比較哲學和其他學者的不同。原因是我最怕憑空立論和言之無物。我的文章雖然不敢比美當代大哲，但其中充滿文化的內容和人生的事象，和專門從事概念分析的抽象理論迥然有別。這一點，可能是受了唐君毅先生的影響，也可能是我本來不是專習哲學的緣故。我專習哲學以前的主修科幾乎可以說是文化的全部。除了國學之外，中國藝術、醫學、拳擊、烹調，以至於社會學、心理學、和民俗學等科目，都是我熱心學習的對象。到了美國以後，我對於美國社會文化及民間習俗體察所得，遠過於許多從書本學習的專家學者。這一來，我對比較思想和文化的研究，都是有生活的實況和文化的內容作根據的。

這一本文集是兩年來閒暇時反省思考的結晶品，比去年出版的「比較哲學與文化」思想更為成熟，內容更為實在，風格更為平易近人。其中第一部的撰寫，受青年戰士報「東西文化版」主編傅佩榮先生鼓勵最大，特此致謝。其中論飲食論婚姻各篇，都有靜思一得之見，希望讀者們留意賜教。第二部除了「比較哲學十戒」之外，都是為初習哲學的人執筆，並建立了我自己對哲學看法的理論。第三部「雜著篇」有幾篇是和學術界朋友討論的短文，其中和項退結先生的討論還在進行中。項先生雖然是我三年前到台大任客座時的新相識，而且思想立場各異，但他追求真理的熱忱和開誠布公的態度，令我非常敬佩。王讚源先生也是我的新相識，他的活力和年青有為的作風，使我感覺到「生氣盎然」對學術的意義。他給我的訪問記錄雖然冠以我不喜歡的標題，但給我一個機會來補充書中要說而忘記了說的話。

本文集撰寫和構思的過程中，內子秀娟的協助最大。她經常督促我注意脫稿交卷的日期，其中很多篇更替我手抄和校對。她對我事業關懷的愛心，在我情意的泉源中發展成無比的創作力量。現在趁這機會給她衷心的謝意。

最後我要向台北三民書局劉總經理振強先生及編輯部的同人致謝。沒有他們的協助，這本書是不容易出版的。

中華民國六十八年十一月十日　吳　森　序於加州首府州立大學

比較哲學與文化（二）目次

第二部　哲學篇

第三部　雜著編

第一部　文化篇

一、禮俗的道德和反省的道德

(一) 前言

中國人向來是道德意識極濃厚的民族。當我們還未成年的時候，便學會對別人的行爲作道德判斷。甚至當我們在小學、中學結伴遊戲的時候，也懂得對友伴「欺騙」或「恃強凌弱」的行爲，作道德的譴責。當我們閱讀報章，看到刼殺、搶掠、強姦、詐欺等案件報導的時候，往往感歎世風日下，「道德」淪亡。要是有人問「道德究竟是什麼」的時候，我們可能瞪着眼，沉默良久，無法回答。

道德哲學的最基本問題，就是要探討道德的性質。究竟道德是主觀的呢？還是客觀的呢？絕對的呢？還是相對的呢？道德的根源究竟在那裏？神的意志嗎？還是個人自己的良心呢？道德的形成，究竟是基於社會實際的需要呢？還是由聖人制定全民奉行呢？這些問題却是道德哲學中的問題而一般人極少討論的。儘管一般人都懂得稱讚某些行爲道德，譴責某些行爲不道德，當他們面對着「什麼是道德」一問題的時候，都可能茫然不知所對。無怪孟子說：「行之而不著焉，習矣而不察焉，終身由之而不知其道者，衆矣。」

本文不準備把道德問題作全面性的討論。作者的着重點是從比較哲學和比較文化的觀點來討論道德，但這篇文章也不是純粹比較哲學或比較文化的文章。首先作者要介紹美國哲人杜威氏對道德的兩種區分：禮俗的道德 Customary Morality 和反省的道德 Reflective Morality。然後作者就中國文化本身，追溯禮俗的意義，再進一步分析反省的道德及其限度。作者的立場是，反省道德必需提倡，但禮俗的道德也不能揚棄，兩者可以相輔而行，互補不足。最後，作者從東方哲學及西方宗教哲學的立場來揭露第三種道德的可能性，一方面弘揚中西聖哲的道德，二方面補杜威氏哲學之不逮。

（二）禮俗道德和反省道德的分野

杜威氏早年曾和塔虎脫合著「倫理學」一書，由塔氏擔任寫倫理學史部份，杜氏本人則寫道德理論部分，此書出版（一九三二）後曾影響一時，其後杜氏因進步派的教育失敗而聲名大降，此書亦絕了版。杜氏歿後，美國哲學界（不是教育界）不少人積極研究杜氏哲學，南伊州大學遂有杜氏研究中心之設。同時，史丹福大學艾森堡教授把杜、塔二人合著「倫理學」杜氏所寫的部份抽出來，冠以「道德生活的理論」一標題，印成單行本，於一九六〇年由Holt, Rinehart and Winston 書局發行。杜氏的倫理學說因此得在美國哲學界繼續發揮其無比的影響力。

杜書首章，開宗明義的介紹「禮俗道德」和「反省道德」的分別。所謂「禮俗道德」，是指一個社會的傳統習俗及宗教信仰所認可的善惡標準，這是一個社會中大多數人的共同習慣。這種共同習慣形成之後，對社會中每一個分子的行爲都有很大的約束力，而社會的秩序都藉以維繫。這種道德最大的缺點，便是當禮俗和禮俗之間發生衝突矛盾的時候，個人往往感到無所適從而陷於道德的困境。此外，在任何社會裏，都可能有不合時宜的禮俗，從而構成社會道德或個人道德的桎梏。

爲了要解決禮俗和禮俗間的衝突矛盾和對不合時宜的禮俗作批評，「反省道德」應運而生。根據杜威氏的看法，當希臘哲人和希伯來先知向傳統禮俗挑戰，高呼道德行爲應本於人心和理性的時候，正是「反省道德」開始萌芽之際。（「道德生活的理論」第三頁）「反省道德」並不是一種無中生有的道德標準，或是和「禮俗道德」截然劃分而互相對立的。「反省道德」的形成，雖來自對「禮俗道德」作檢討或批判，但檢討或批判的結果，不一定要揚棄「禮俗道德」。在反省思考的歷程中，我們不能有排除禮俗的成見，也不能有對禮俗作無條件接受的決心。當我們養成了對禮俗惟命是從態度的時候，反省思考根本沒有機會誕生，「反省道德」便沒法形成。從另一方面看，要是我們先有排除禮俗的成見，反省思考便不能有效地被利用，「反省」的結果，很容易形成一種偏頗的理論，付諸實行的時候，可能扞格不通或問題重重。因此，一個沒有受過思考訓練的人去妄作思考，其危險性好像一個不懂電學的人去玩電線一樣。杜威有鑒於此，特別提倡思維學的研究和反省思考的訓練。杜氏既不主張對禮俗無條件接受，也不主張對禮俗無條件排斥，那麼，我們對禮俗應有的態度是什麼呢?在杜氏「道德生活的理論」有下列的一段話：

眞正的反省道德當對一切禮俗傳統的信條一視同仁地當作研究資料；繼而研究這些信條產生背景的種種環境條件；再進而探究這些信條爲什麼會變成衆人信奉的眞理；最後，我們要探究這些信條在現代環境是否適用及其適用範圍。（第二十三頁；作者意譯。）

很顯然地，杜氏的反省道德，就是用歷史學和社會學的方法去研究檢討禮俗道德後所獲得的道德理論。我們研究檢討的結果，可能對禮俗道德排斥，也可能對禮俗道德加强信念。這時候，我們對禮俗道德的排斥，不是無條件的盲目排斥。反之，我們對禮俗道德的接受，不再是「人云亦云」「盲目遵從」的接受。本文筆者曾本着杜氏這種反省精神來檢討我國傳統的「孝」道，檢討的結果，寫成了「孝的哲學及其時代意義」一文，刋登於「哲學與文化」第四卷第十二期，讀者諸君對道德理論建設有興趣的話，請讀作者這一篇論孝的文章。

（三）禮俗的意義及其時空性質

上文作者把 Customary Morality 翻作「禮俗的道德」，是一種權宜的辦法。我們的「

禮」，和英文Custom，並不是兩個完全相等的辭彙。Custom一辭，可以翻爲「風俗」或「習俗」•在我們日常用語中，「禮俗」一辭也有時可以作爲「習俗」或「風俗」的代用字，我把 Customary morality 翻作「禮俗道德」是根據我們日常用語「禮俗」和「風俗」（或「習俗」）是同義字來翻的。但我們把「禮俗」解作「習俗」的時候，「禮」字便失去了它在中國文化傳統的意義了。

我們常常自稱中國是「禮義之邦」，而「禮」在我國現行道德教育推行中也成爲一項重要的德目。我們在交際應酬的時候也常用「失禮」一辭來表示賠罪或歉意，由此可見「禮」和習俗的含義並不完全相等。要明瞭我國的道德傳統中「禮」的作用，我們不能不下一點正本溯源的工夫。「禮」字的左旁爲「示」，爲「天垂象見吉凶」之意；右旁爲「豊」，爲一種祭器的象形文。「禮」的本義很可能是「祭祀儀式」。說文訓禮爲「履」，禮記正義用「理」來解釋「禮」字，這都是後起的意義，而帶有「音訓」（用同音字來解釋）的意味。到了朱熹註四書的時候，「禮」的含義變成：「天理之節文，人事之儀則。」「天理之節文」一句，是宋明理學家給予先秦儒家「禮」一概念形上學的解釋。不管我們對這形上解釋是否同意，但「禮」作爲「人事之儀則」是一個非常簡單明瞭而合理的解釋。但我們要問，這種「人事之儀則」是怎樣產生的呢？根據一般社會學者和人類學者的意見，所謂「禮」或「人事之儀則」產生於羣衆生活，慢慢由實際需要而約定俗成的。這解釋和我們古籍的記載似有少許出入。從本文作者觀點看來，古籍的記載可以補社會學和人類學的不足。我們先秦典籍中論禮的都認爲禮是聖人制定的。在古代的社會，教育未普及，人有愚智賢不肖的分別，一般人們的生活秩序，端賴少數先知先覺者維持。這些少數的先知先覺者，在古希臘稱爲「哲人」，在希伯來稱爲「先知」，在我國稱爲「聖人」。周公是我國古代聖人之一，相傳周代的禮制是他手創的。周公制禮是否一手包辦，抑或有很多人和他合作，我們不必討論。我們的重要問題是：制禮本身有沒有目的？若有的話，它的目的是什麼？關於這一點，禮記有下列一段話：

夫禮者，所以定親疏，决嫌疑，別同異，明是非也。……道德仁義非禮不成；教訓正俗非禮不備；分爭辨訟非禮不决；君臣上下父子兄弟非禮不定；宦學事師非禮不親；班朝治軍，涖官行法，非禮威嚴不行；禱祠祭祀，供給鬼神，非禮不誠不莊；是以君子恭敬撙節退讓以明禮。鸚鵡能言，不離飛鳥；猩猩能言，不離禽獸。今人而無禮，雖能言，不亦禽獸之心乎？夫唯禽獸無禮，故父子聚麀。是故聖人作爲禮以教人，使人以有禮，知自別於禽獸。（禮記曲禮上第一）。

從上述這一段話，我們可以知道，聖人的制禮，在維持社會秩序，在施行道德教育，使人有別於禽獸的自覺。由此可知，在我歷史傳統禮教，絕對不僅是約定俗成的產品，而是先知先覺者領導羣衆的教育措施。可惜今日許多人不明此理，以爲「禮」的形成是不自覺的，甚至是盲目的風俗習慣。

不過，話又說同來，在我們日常生活中，「禮」和「俗」往往混合在一起而不容易分清楚。而聖人制定的禮，也往往因爲在實行上受種種客觀條件限制而改變原來的方式。在孔子的時候，或未能把握這概念的本質。在孔孟兩聖的學說中，「仁」就是人情。孟子稱之爲「人心」，孔子曾解作「愛人」。「孝」便是對父母之情；「弟」便是對兄弟儕輩之情；「忠」便是對君國長上之情。那麼「禮」是什麼呢？「禮」和「情」的關係是形式和質料的關係：「禮」是表達「情」的適當方式。人是情感的動物，遇喜事自然高興，遇不幸的事自然悲哀。人與人間的來往交處，都藉賴情感的表達來維持關係。我們古代先知先覺者（聖人）制禮的目的，就是要制定一種行爲模式來使一般人的情感得到適當的表達。情是與生俱來，但如何獲得適當的發展却賴後天的培養，「習禮」便是情感教育的一種方法。禮記曲禮記載一些做人子女的對父母應有的禮像「出必告，反必面。」「多溫而夏凊，昏定而晨省。」「居不主奧，坐不中席，行不中道，立不中門」之類，都是教育子女養成優良品格的方法。「出必告，反必面」可養成子女對父母的關懷。出門的時候告知父母，可以使父母免除突然發現子女「失踪」的手足無措。子女出了門，父母自然掛心，子女返家的時候在父母的跟前露面，可使父母釋慮。「居不主奧，坐不中席」等行爲模式，是要使子女養成一種謙卑而不妄自尊大的一種情操。「多溫」、「夏凊」、「昏定」、「晨省」等行爲方式，目的在培養子女對父母的愛心——孝。根據杜威氏的教育原理，知道怎樣做好是不一定會做好的，只有養成好的習慣才會做好。一切所謂「誠實」、「勇敢」、「貞潔」等美德，都是「習慣」。（語見「人性與行爲」第一篇）所謂人格，就是一個人所有習慣的統一體。一個人若沒有養成好的習慣，便很難有健全的道德人格。習禮的目的便是培養道德人格。由比看來，我們古代先知先覺者的制禮以教民，是和現代教育學所提倡的，簡直不謀而合。那麼我們在今日作爲一個知識份子的中國人，怎能隨便主張廢棄禮教呢？

不過，我們要知道，禮有「體」「用」兩面，禮之作爲教育方式是用，而禮在不同的時空表現種種不同的方式也是用。那麼，禮的「體」（或「精神」）究竟是什麼呢？曲禮解釋禮的精神爲「毋不敬」，「敬」便是一種莊重和嚴肅的心情。

假如一個只懂得跟隨禮的形式去做而內心一點敬意都沒有的話，他只不過是禮俗形式的奴隸。孔子也曾爲這種人嗟歎過不只一次。禮俗道德若流爲形式化的時候，已失去本來道德和教育的意義了。所以我們不得不力謀補救。補救的方法便是「反省的道德」。

（五）論「反省道德」必需提倡

不久以前筆者讀中央日報，讀到臺灣一女學生割肉療親的時候，有很大的感想。報章上輿論紛紛，除了表示同情之外，都一致認爲「割肉療親」是一種不智之擧。同時筆者讀到香港星島日報副刊（一九七八年一月廿八日）黃思騁先生一篇對孝道作猛烈抨擊的文章，認爲孝道是落後社會的產物，我們處在二十世紀的時代，不能不把它揚棄。「孝道」是我們禮俗道德中一項極重要的德目。我們社會傳統一向有「百行孝爲先」的道德格言，可是自從中西文化交流以來，不少人認爲「孝道」是迂腐的敎條，封建社會的產物。原因是在我們接觸的進步國家當中，沒有一個國家的社會道德把孝列爲一項重要的綱目。我們讀西方哲學家有關倫理的著作，從柏拉圖到杜威，沒有一本提倡孝道的。這一來，我們很容易獲得一個觀念，認爲孝道是不必要的。這種「非孝」、「反孝」、「仇孝」的形成，大抵是將我們禮俗道德和西洋禮俗道德比較之下產生的錯誤觀念。原因是我們的禮俗道德，特別是孝道，得不到反省道德的支持而致於窮途末路。一個在反省道德受過足够訓練的人，既不會盲目地遵從禮俗，也不會武斷地把禮俗排斥或揚棄。對孝道來說，他一定會問：孝道的根源在那裏？是根據上帝的命令呢？還是根據人的良知良能呢？孝，作爲社會道德一項綱目，究竟產生什麼作用呢？提倡孝道是不是對物質文化進步有嚴重的障礙呢？西方科技的進步，是不是因爲他們沒有孝道束縛所使然呢？孝道是不是和現代人一心嚮往的民主精神有本質上的衝突呢？孝，作爲一個首要的德目，只見於我國傳統社會，而不見於西方的道德傳統，是我國文化落後的表現呢？還是我們文化有獨特之處呢？我們如要揚棄孝道，所產生的社會及教育的效果將會怎樣呢？在今日廿世紀的工業化及科學化的社會，提倡孝道是否可能呢？是否還有意義呢？凡此種種問題，都是一個受過反省思考訓練的人應該想及的。其次，當我們從理論達到要提倡孝道或揚棄孝道的時候我們還要問：提倡孝道（或揚棄孝道）應循的途徑是什麼？在實行的時候會產生什麼問題？如有問題產生，當用什麼方法解決？這些都是反省思考的運用。我們運用反省思考，最主要的條件是不要先懷成見。其次便是對反對意見也要替它設身處地去想，才這不流於武斷。禮俗道德經這樣處理之後，應揚棄的該揚棄，值得保留的該保留，該發揚光大的便當發揚光大。上文提及筆者在「哲學與文化」發表的「孝的哲學及其時代意義」，便是筆者對中國傳統的孝道作反省思考的結果，讀者們請參閱。

利用反省思考來批判禮俗，從而建立反省的道德，我們孔孟兩聖早已實行。上文已提及孔子因時制宜而決定從禮式違禮。孟子的智慧，也把握着這一點來發揮。請看孟子書中記載的一段話：

淳于髡曰：「男女授受不親，禮與。」孟子曰：「禮也。」曰：「嫂溺，則援之以手乎？」曰：「嫂溺不援，是豺狼也。男女授受不親，禮也。嫂溺援之以手者，權也。」（離婁篇）。

「權」的本義是「稱錘」，本是用來量一件物輕重的。但「權衡輕重」一語，早在我國習用語裏作爲比較價值高低的意思。「男女授受不親」是禮制定的，是禮俗道德的範圍。但自己的嫂子掉進水裏的時候，挽救人命實在比謹守禮法重要得多。所以，權衡輕重的結論，一定以人命爲先，其實，孟子的所謂「權」，正是杜威所說的反省思考。所謂「權」，相當於今日英文 deliberation。杜威氏在「人性與行爲」一書中，花了一節篇幅專門討論 deliberation，闡明其反省思考運用的過程及其在道德上的意義。由此可見中西哲人實有相同的見地。我國要求西化，不必一定要揚棄古先賢的學說，而我們要保存國粹，也不該懷有排斥外來學說的成見，這是建立反省道德的先決條件。

（六）結論：我們還有第三種道德嗎？

本文作者根據杜威氏「禮俗道德」和「反省道德」的區分來討論這兩種道德的性質、功能，及其相互間的關係。我們的理想道德生活，該是兩種道德相輔而成和諧無間的整體。但是，問題來了。當我們受了足够的反省思考訓練，對一切禮俗道德具有充分的知識，便可以穩當地達到我們的道德理想嗎？我們從反省思考獲致的道德判斷，能否給我們實踐道德的力量呢？筆者個人的判斷是，只有禮俗的知識及反省思考能力還未足以給我們實踐的力量。那麼，道德的實踐力量究從那裏來的呢？關於這一點，美國哲人杜威氏的倫理學著作並未論及，筆者在這裏實在有補充的必要。

道德實踐的力量，是一種情意的活動，知性的訓練培養不出來的，這種實踐力量的養成，要靠道德教育的陶冶和個人對道德理想「念玆在玆」「寢食不違」的努力。這「念玆在玆」「寢食不違」的努力，就是個人自覺地不斷超越現實的歷程，務求達到「從心所欲不踰矩」而後已。（我們的孔聖人也七十歲才到達這境界呢！）這種道德既不屬於禮俗道德範圍，反省思考也無道路可以到達。筆者姑名之爲「聖賢的道德」或「修爲的道德」。西方的宗教對這種道德也很注重，不過他們的道德實踐力量，往往來自向神的禱告和祈求，沒有我們儒家「我欲仁，斯仁至矣」的那種自力超越的人文本色。這種道德如何可能？修爲的方法該怎麼樣？我們爲什麼需要這種道德？這種道德和禮俗道德及反省道德有何不同？凡此種種，都超出本文的範圍，筆者只好留待他日再向讀者諸君請敎了。

二、中西道德的不同

(一) 前言

作東西文化的比較研究，可以遵循的途徑實在不少。像「中西道德的不同」這一個題目，歷史學者可以作窮本溯源的探究，社會學者可以作社會現象的描述，心理學者可以作心態的比較和分析，本文的作者是專習哲學的，探究的方式自然和社會科學或心理學的方法不同。不過，縱然有所不同，許多時會因時制宜，兼採歷史學，社會學，和心理學各種方法。那麼，哲學學者的方法，和其他學者的方法有什麼不同呢？根據本文作者的看法，哲學和其他學問最主要的差異，便是哲學的「融滙貫通」的精神。孔子爲全人類最偉大聖哲之一，用不着我們多作介紹。但他的學問，不是枝枝節節或點點滴滴的零星片段的見解，而是融滙貫通而自成一理論體系的。有一次他對曾子說：「參乎！吾道一以貫之。」所謂「一以貫之」，便是融滙貫通而自成一體系的意思。這種「一以貫之」的精神，就是哲學的特性。東西偉大哲人的哲學系統，都是融滙貫通而成一家之言的。

本文作者在哲學的造詣，不敢比美古今中外的大哲人。但對哲學本質的體會，也算有點心得。本文探討的方式，不在對中西道德觀念或社會事象作枝節的敍述，而是從作者自己一套文化哲學的核心觀念，來對中西道德觀念不同的事象加以說明。作者的一些文化哲學主要觀念，都在「比較哲學與文化」（東大圖書公司出版）一書。但爲了本文的完整性，作者特別用最簡單的方式，向讀者諸君介紹一下。

（二）中西文化精神的基本差異

西方文化有三大支柱：科學，法律，和宗教。我們的文化有兩大基石，一爲道德，一爲藝術。但中西文化精神最顯著的差異是：中國文化是藝術的，西方文化是科學的。科學的精神是藉着抽象的符號，利用分析的和實證的方法從而對事物作理智的了解，目的在尋求眞理。藝術的精神是藉著具體的意象，傳神活現，畫龍點睛地表達一已的感受或價值判斷，目的是價值的欣賞和創造。因爲其目的在求眞的緣故，科學的題材一定要合理化和根據事實。藝術的題材大不相同。藝術品的內容可以不必合理，也可以不必根據事實。希臘藝術中的人面獅身怪物，現代西洋畫家所繪畫的綠色的牛，和中國畫家所繪畫的千手觀音，三頭六臂的哪吒太子等等都不是和我們的經驗事實相符合。還有，科學的題材是事物的通性，科學符號所表達的，都是抽象的概念。例如H_2O是水的化學符號，代表着一個氧原子和兩個氫原子構成的化合體。至於這是河水，井水，雨水，自來水，淡水河的水，還是石門水庫的水，科學家一概不管。可是，藝術家或文學家（廣義藝術含文學）筆下的水，是個別的，具體的。像「風蕭蕭兮易水寒」、「桃花潭水深千尺」，及「君不見黃河之水天上來」等句中的水，都是具體的意象而充滿個別的意義的。

科學和藝術還有一點顯著的差別，可以說是一般受過中等教育的人都可以覺察出來的。科學的基本學習方式，是遵從定義、公式、法則，及程序。尤其是在化學實驗室裏，要是不遵守一定規則和程序的話，可能會導致爆炸和燃燒的危險。藝術的基本學習方式便不相同了，繪畫課的老師要我們摹擬一些天然的靜物或前人的作品，許多時更是他自己的作品呢！書法方面，最主要是臨帖，向歷史上的名書法家學習學習。什麼王羲之、趙孟頫、顏眞卿、柳公權、歐陽詢，以至於文徵明、米芾、鄧石如等等，都可以作爲我們摹擬的對象。在學習藝術的過程中，藝術老師雖然定下一些法則要我們遵循，但這些只是一些活用而有彈性的原則，和學習科學所必須遵循的法則是大不相同的。

科學和藝術在方法上還有一點很重要的區別。科學方法以分析爲主，藝術方法却重直覺。科學家當然也賴直覺來從事科學活動，但遠不及藝術家對直覺的需要。直覺的活動是「直接觀照」、「心領神會」，而不憑藉理性的。根據法國哲人柏格森的說法，分析法只適宜研究無生命的物體，要洞察生命的本體，非用直覺不可。我們中國人的認知方式以直覺爲主。我們對宇宙人生的看法亦以生命爲觀照的對象。透過直覺的「移情作用」，藝術家所見的宇宙萬物都充滿生命。憑着機械的分析方法，科學家對有生命的機體也當作無生命的物質來分析。藝術家和科學家宇宙觀的不同，正反映着中西文化基本精神的差異。

以上論中西文化就藝術和科學兩種精神形態比較，非常簡略不全。不過，本文的目的，不是專門比較中西文化，而是從中西文化精神形態的基本差異來探討中西道德的不同。在討論中西道德的不同時，也可能常常回到雙方文化精神形態的基本差異處，解說或有不清楚的地方，請讀者們多多體諒。

（三）「服從律令」和「效法先賢」

上文說過西方文化的支柱有三：科學、法律，和宗教。可是西方人的法律和宗教，都受科學精神的支配。這也許由於這三者同出於一種文化精神形態的緣故。科學的活動，非常重視明晰的定義，法則的遵從，和證據的確立。這也就是法律的精神，西方歷史上有名的法典，都注重法律基本觀念的明晰界說。在現代西方國家司法方面，非常注意合法程序（due process）和證據的確立。「證據學」是美國大學法學院的共同必修科。疑犯的逮捕若不循合法程序，或罪案沒有充份證據支持，疑犯是可以被判無罪的。

那麼，西方的宗教有沒有受科學的精神支配呢？從中國文化的立場來看，答案當然是肯定的。科學的目的在求眞，而西方宗教（特指希伯來的猶太教及基督教）亦以眞理爲追尋的對象。

耶穌基督說：「我就是道路，眞理，生命。」在基督敎的傳統裏，「神是眞理」的說法已成老生常談。可是在中國的宗敎領域裏，四方神祇不是眞理的代表，而是美感的對象（如嫦娥、牛郎、織女、洛神等等）。根據中國人的思想，神是美的而鬼是醜的。「醜」字 ugly 的意思，實在從「鬼」字得來，這是一個極好的旁證。再其次，西方宗敎受科學精神支配的，便是誡律的頒佈和奉行。科學領域中其中一項基本信仰，是不可抗拒的自然律。因爲地心吸力的定律，一輛在蘇花公路行駛而越出路面的汽車，必然遭受「墜崖」的命運而不可能飄浮半空或飛到天上去，這是自然律的「不可抗拒性」。西方宗敎承受了這一點「必然律令」的精神，從而頒佈律令來支配西方人的道德生活。希伯來歷史上有名的摩西十誡便是這種精神形態下的產物。兩千多年來西方人的道德生活都被這些必然的誡律支配着呢。

從中國文化的立場來看，印度文化實在是西方式的。印度的因明學（卽邏輯學）不厭其煩的闡述推理的法則，而印度的佛敎又斤斤計較煩瑣的戒律。可是，因明自唐朝玄奘傳入我國，到了窺基以後便不得傳人。而佛敎的煩瑣戒律，逐漸的爲中國佛敎徒所削減和淘汰。直到「放下屠刀，立地成佛」的時候，佛敎徒已經完全由煩瑣的戒律解脫過來了。由此可知，中國文化的精神形態是不受法律戒律所束縛的，中國人的道德生活，受另一種精神型態支配着。因爲沒有更適當的詞彙，我暫時稱這種精神形態爲「藝術精神」罷了。

上文已經提及，藝術的主要學習方式不是要遵循什麼規律，而是典型作品的模擬。這種學習方式強有力地支配着我國人的道德思想和生活。假如我們把儒學的傳統當作是一種宗教的話，孔子便是我們的宗教主，而論語一書可以算是我們的「新舊約全書」了。可是我們從「學而」翻到「堯曰」，都找不着像摩西十誡這一類的東西。我們翻遍了古籍，恐怕也不容易找得一條放諸四海而皆準，普天下人民必須信奉而不能違的金科玉律。孔聖人既沒有頒佈甚麼誡律，那麼，他給我們的道德教訓是些什麼呢？我的答案很簡單，他雖然沒有留下來甚麼誡律，但留下給我們的却是「行爲的典範」，司馬遷的孔子世家贊一開頭便說：「高山仰止，景行行止，雖不能至，心嚮往之！」孔孟聖人雖然從不談戒律，但常常提到歷史上的聖賢人物，給我們作行爲的榜樣。堯、舜、禹、湯、文、武、成王、周公、伯夷、叔齊、柳下惠等等，都是孔孟兩聖人推崇，可以作爲我們道德行爲典範的。孔子從不鼓勵爲政者頒佈律令，但鼓勵他們以身作則，給人民一個道德行爲的模範。所以說：「子帥以正，孰敢不正？」「其身正，不令而行；其身不正，雖令不從。」「君子之德風，小人之德草，草上之風必偃。」

我相信讀者們都讀過文天祥的正氣歌吧。文天祥的以身殉國，是服從南宋君王所頒佈的甚麼律令嗎？我們讀他的正氣歌，便知道他的以身殉國是受歷史上典型人物的感召所使然了。「在齊太史簡，在晉董狐筆。在秦張良椎，在漢蘇武節。爲嚴將軍頭，爲嵇侍中血。爲張睢陽齒，爲顏常山舌。或爲遼東帽，清操厲冰雪。或爲出師表，鬼神泣壯烈。或爲渡江楫，慷慨生胡羯。或爲擊賊笏，逆豎頭破裂。」古代忠臣烈士的行爲典範，栩栩如生，化成了道德力量的泉源，無怪文天祥視死如歸，從容就義了。

科學主理性，重法則；藝術談境界，重體會。文天祥所體會到的浩然之氣的境界，是道德的意境，也是藝術的意境，實在不能用理性解說的。從藝術文化的立場來看，法則，律令，戒律等等，是冷冰冰的東西，產生不了什麼意境，是體會不來的。可是活生生的聖賢或忠臣烈士的典範便不同了。「其人雖已歿，千載有餘情。」（陶淵明「詠荊軻」）透過藝術方式表現的活生生的聖賢豪傑典範，才容易引起我們的體會或思慕，才能闖進我們的心扉來做我們道德的主宰。

（四）「個人本位」和「人倫本位」

寫文章和在課堂講書不同。寫文章是個人的獨白，讀者們是很難抓住機會去發問的。為了要打破這種獨白式的沉悶，作者惟有假設讀者提出問題，然後去分析問題，從而探討可能的答案。我相信讀者們讀完了上述幾段文章的時候，一定會作下列的發問：「你說中國文化的精神形態是藝術的，西方精神形態是科學的，並列舉許多事象來支持你的論斷。你有沒有想到，中國藝術精神的根源究竟在那裏？西方科學精神又從那裏產生？」我的答案很簡單，藝術精神孕育於農業社會，科學精神却從商業文化發展出來。

藝術精神和科學態度有一點極大的不同而上文未提及的，就是藝術家對萬物都有情，而科學家對有情的生物也當作一堆無生命的物體看待。藝術家的宇宙，是充滿生命的，斜陽、芳草、游魚、飛鳥、縷縷的輕煙、潺潺的流水，都是他情之所鍾的對象。

這種對宇宙萬物的情，究竟從那裏發展來呢？據作者本人的體會和推測，是來自農耕的文化，農夫們每天所對的，都是「有情的」動植物。它們每天在生長，農夫們每天都在開心，從而感到他們每天對動植物們所付出的愛心不是白費，而它們的成長是開「情」的花，結「情」的果。這一來，農夫和農作物的關係，是「情」的交感，和商人們對商品作死物看待的態度，簡直有天淵之別。商人們計較小利錢的「雞毛蒜皮」式的算賬和科學家的精密分析可以說是「一體二用」。「雞毛蒜皮式」的算賬和科學實驗室的分析，都是要謝絕情感的。科學家把「有情物」當作「無情物」看待，也是根源於商業文化的心態。農夫們和動植物們日夕相交感而生情。可是商人們的商品，從左手收進來，立刻要從右手送出去。所謂「貨如輪轉」，商人們怎能會對貨物產生情感呢？

其次，在農業社會裏，人和人之間的情感也特別濃厚，而關係也能特別持久。原因是人和土地的關係密切，家族鄰里定居於一個地方後，便藉賴這地方的生產力來生活。若沒有意外的天災人禍，是很少高遷遠徙的。人聚在同一個地方久了，自然會互相關懷，互助互愛。這種農業社會人與人間相互依存的特性，一直都支配着中國人的道德生活。子女年幼時賴父母撫養，父母年老時靠子女供奉，這是中國傳統社會中人所共知而視爲當然的事實。這種相互依存的關係，還及於兄弟姊妹叔伯嬸姨。推而廣之，更及於整個家族。在中國農村社會裏，假如有一個人中了京物，西方有的東西，中國文化不必有。中國的社會倫理傳統，一向是以「義務」爲本位，縱使有「人權」的思想，也是居於很次要的地位。美國傳統是可以用「人權」來誇耀的，但我們的傳統重點不同，怎可以把我們的「人權」觀念拿來和他們的相提並論？美國人每天的主要食物是漢堡飽和炸洋山芋，難道我們的食譜也要以漢堡飽和炸洋山芋爲榮嗎？我們的食譜自有一套，有廣東的烤豬，有北京的塡鴨。我們要介紹我們的菜式，自然選取我們的獨特而地道的菜式，難道我們要投美國人所好，特別巧製「中國漢堡飽」來饗客嗎？

我國道德傳統的「烤豬」和「塡鴨」是「義務」；而不是「權利」的觀念。權利的觀念不是完全在我們傳統之外，不過並不構成我們傳統的特色罷了。上文已經說過，我們的道德是以「人倫」爲本，而「榮辱相關」、「休戚與共」便是這種人倫道德的基本精神。由於個人在家庭中成長時，由父母的啓廸及生活的體驗，自然慢慢培養榮辱相關休戚與共的意識，這種意識通過了個人的愛名譽心及小我大我之認同意識，便很容易發展成爲義務感。紅樓夢中的賈寶玉本是個沉迷於逸樂中的花花公子，可是他的家人常常向他提及他的義務—考取功名，光宗耀祖。爲了要履行這一點的義務，他也不能不發奮讀書，努力奪取榜上的魁首。由此看來，義務感實在是我國人道德生活的原動力。這種義務感，和德國哲人康德的責任心不同，下文另有解說。

我國道德傳統中的義務是有所對的。在日常的五倫關係中，含藏着各種特殊義務的觀念，用籠統的語言來說，父母對子女的義務是「慈」，子女對父母的義務是「孝」，君對臣要「惠」，臣對君要「忠」，兄對弟要「友」，弟對兄要「敬」。這些都是讀者諸君熟悉的，實在不必我多說。不過，奇怪的是，我們先聖的道德學說從來沒有界定父母的權利是什麼，子女的權利是什麼，國君的權利是什麼？臣下的權利是什麼……由此可見中國人的道德意識，實在以「義務」爲先。權利的觀念，對我們來說，無異於美國的漢堡飽吧！

西方人似乎生來便有權利的細胞，天賦人權的學說，遠在希臘斯多噶學派便開始萌芽。到了羅馬大帝國的時期，西塞羅更把它發揚光大。到了近代，英國的密爾和洛克，法國的福祿特爾、孟德斯鳩和盧騷，以及美國的傑佛遜，都以提倡人權見稱。一七七五年的美國獨立宣言和一七八九年的法國革命人權宣言，都明確地主張人權與生俱來，政府當負保障它的責任。時至今日，一個美國公民享有權利之多，林林種種，罄竹難書，法律的主要目的是爲個人權利的保障。所謂道德，是以不侵犯別人的權利作爲準則。在不侵犯別人權利的情況下，縱管肆無忌憚，任性胡爲，也沒有什麼不道德的可言了。

我國的道德傳統自有其價值所在，縱使過重義務而忽略了權利，也還可以保持它的獨立的體系。可是民國以來國府行憲以後，我們把西方的法律體系移花接木地抄襲過來。大抵很少人注意到，西方法律體系是以權利作本位的，而我們的道德傳統却以義務爲本位。西方的法律，是否和我們的道德接得上呢？這一點，讀者們應該不言而喻吧！

（六）「唯理是從」和「情之所鍾」

上文已經解釋過，中國文化的精神形態是藝術的，而西方的却是科學的。藝術活動以情爲主，而科學却是理智的產兒。那麼我們的道德傳統以情爲骨幹，西方的道德傳統以理性作核心，這簡直是必然的結論，不必加以討論的了。不過，這一節的寫作，也算不得是多餘的。因爲以上幾節都是作一般性的解說，沒有把西方道德學說和我們的學說作比較，所以討論還未見得澈底。在這一節裏，我要把西方的亞里士多德（希臘），康德（德國），和杜威（美國）三人的道德學說和我們孔子的學說列擧比較，藉以闡明本文的中心要旨。

亞里士多德認爲人生的最終目的是追尋美滿的生活。甚麼是美滿的生活呢？快樂主義認爲美滿的生活在快樂的尋求，而那些禁慾主義的認爲理想的生活一定要摒絕一切感官的快樂。亞氏却認爲美滿的生活應該是德性的生活。那麼甚麼才算是德性的生活呢？換句話說，甚麼是美德呢？根據亞氏的答案，美德就是無過無不及的「中道」。要是我們的生活，一擧手，一投足，進退和應對，都能事事無過無不及而恰到好處的話，便是最美滿的生活了。那麼，我們要實踐中道，怎樣可能呢？亞氏認爲，只有運用我們與生俱來的「理性」，我們才可以實行中道。這一來，所謂美好的生活，就是「理性」的生活。人之所以異於禽獸，就是因爲他有「理性」的緣故。

康德氏認爲眞正的善行，應當來自善良的意志。甚麼是善良的意志呢？善良的意志是實踐道義（Duty，若翻作「義務」或「責任」便容易引起誤解）的意志，而且一定是「爲道義而道義」的實踐。那麼，什麼是「道義」呢？「道義」是對道德律的無條件遵守。律令可分有條件的和無條件的兩種。「你若要駕駛安全，一定不能超速。」這是有條件的律令，不能算是道德律。道德律是無條件的、絕對的。我們要服從它，只是因爲它是道德律，並不是因爲服從它便會產生良好後果的緣故。

美國哲人杜威氏的道德學說，認爲所謂道德律是因時制宜指導我們道德行爲的南針。在已成的禮俗道德體系裏，並不是每一道德律都能對當前處境發生效用。我們要遵從道德律，也要經過我們的反省思考衡量一切環境的因素才能作最後的決定。這個說法，很像我們儒家傳統的所謂經權之道。（至於杜氏哲學和我國思想如何相通，請參閱拙作「比較哲學與文化」）不過，他的反省思考，仍然以理性爲依歸，和我們孔子一任直覺的態度還有很大的距離。

梁漱溟氏在「東西文化及其哲學」一書中，認爲孔子的態度，生機洋溢，一任直覺，無所拘執。這正是藝術精神形態的特徵。亞里士多德重理性，康德氏强調服從律令，杜威氏提倡反省思考。他們三人，雖然一在希臘，一在德國，一在美國，但總脫離不了科學精神形態的文化，到頭來都以理性爲依據。反觀我們孔子的學說，却以「人情」爲依歸。「太上忘情，最下不及情。情之所鍾，正在我輩。」我們中國文化，似乎和「情」結了不解緣。讀者諸君如對「情」一心嚮往，請讀拙作『「情」與中國文化』。（原載香港明報月刊，在臺四度轉載，現收入拙作「比較哲學與文化」。）

孔子學說的核心是「仁」。「仁」就是一種合乎禮義，發而中節的情感。情感的種子與生俱來，但如何長成便有賴於後天的教育。「孝」是子女對父母應有之情。「悌」是對兄弟（姊妹）儕輩應有之情。「忠」是對長上君國應有之情。「禮」便是表達情感應有的方式。「義」是適宜的意思，也就是情感的表達恰到好處的規準。宰予要廢三年之喪，孔子罵他不仁，就是罵他對父母無情。論語中父親偷羊兒子作證的故事，孔子不能同意葉公稱那頂證父親偷羊的兒子爲「正直」，原因是這兒子「不近人情」。不近人情的人，還可以叫做正直的人嗎？

上述三位西哲和孔子的道德學說，當然非常簡略不全。但亦足以作爲解說中西道德立脚點不同的一點小幫助。本文作者並不是說中國道德全不講理，或西方道德全不講情。這是個「着重點」的問題而不是「有」或「沒有」的問題。希望讀者諸君能體會作者的眞正意思。

（七）結論：他山之石，可以攻玉

「比較文化」這一門學問，對我們中國人的目前處境，可謂意義深長。原因是我國近百年來國運蹇厄，對我國傳統文化的檢討以及對將來文化的創造，都是我們的切身問題。要是沒有外來的文化以資比較，我國傳統文化的優點和缺點都無從顯露出來，更談不上如何去創造未來的文化了。本文中西道德的比較，也許能給提倡道德重建或從事教育的人一點參考，從而收「拋磚引玉」之效。

以情爲本的藝術精神形態的文化，它的本身自有其價值。但在人事複雜的現代社會，這種精神形態的道德恐怕不能單獨發生敎育作用。試問有多少人能效法先聖做到他「從心所欲不踰矩」的地步呢？就一般人的實踐來說，「服從律令」比較容易，要體會「仁心」「天心」的道德意境要難得多了。所以我們要借重西方的道德以資參考。

毫無疑問的，西方人的道德有一點頗值得我們參考的便是「公德」的觀念。「公共利益」是一個抽象的槪念，不是「視而可識，察而見意」的藝術精神形態可以把握得着的。「公共利益」也沒有什麼境界可以體會，對我們人情豐富的中國人也引發不了甚麼情感。這一個觀念，一定要透過理性才能把握着。不過，理性在道德實踐上的功能，不是我們一般重人情的人所能容易了解和運用的。

再其次，西方人的守法精神，已經變成他們道德生活的一部份。我國學者還不少人用「法者禁於已然之後」的說法來貶抑西方人法律的價值。站在我們的立場，西方人似乎太重視權利。重視自已權利可能淪爲自私，但對別人權利尊重的意識和義務感究竟沒有兩樣呢。我國人向來自稱是道德的民族，爲什麼我們未能把守法精神作爲我們道德信條之一呢？爲什麼我們的知識界還有人提倡道德和法律要截然劃分呢？

當然，西方人也有向我們學習的必要。我在『「情」與中國文化』一文裏也說過：「中國文化的『情』，是世界人類精神病的良藥。」可是我們今日面臨一個重大的危機：我們的「情」已在今日的工商業社會慢慢的隨風消散；而我們的「理」，恐怕要有一段很長的時期才能建立起來。

關懷世道人心的讀者們！我們能不覺醒嗎？

聞。有一次，一位女學生要求教於我，給我報導說這位烹飪老師要他們把一款菜式的製作原料逐項考據出來，尋找它在中國文化象徵性的意義。她在課堂上的例子是廣東食譜的「羅漢齋」，其中「蠔豉」（乾蠔）象徵「好市」，「髮菜」象徵「發財」。我聽了這些報導，聯想到校方對應聘者的要求，心中產生一項疑問：這些「發財」、「好市」之類，便是中國烹飪和中國文化之間的關係了嗎？究竟中國烹飪在那一方面代表中國文化呢？中國烹飪和西式烹飪究竟有什麼不同呢？這問題在幾年來都盤旋於腦際。恰值去年從加州休假回國講學，國內學術界的舊雨新知和要好的親朋不斷的邀請我遍嘗寶島的佳饌。什麼會賓樓、順利園、大同、逸園、紅寶石、青葉、梅子，以至海霸王、春風得意樓，都是我重新體會祖國飲食烹調的場所，使我豁然有所開悟。現在將一點體會所得，呈獻於國內讀者之前。不過，因爲篇幅的限制，本文不能作有系統而詳盡的比較。討論的話題祇限於下列三點：①在飲食方式方面，西方飲食代表個人的獨享主義，中國飲食代表集體分享主義。②在烹飪技藝方面，西方的烹調代表科學方法的高峯，中國的烹調代表藝術精神的極致。③西方的「酒」，使人精神亢進提升；中國的「茶」，怡神適性，使人心境寧靜。這裏有一點要先向讀者說明，我所說的西方，是以美國作代表。在美國的大城市，像紐約、芝加哥、三藩市、聖路易、洛杉磯、紐奧連等地方，都有各種歐洲西菜館。什麼法國、德國、英國、希臘、意大利、西班牙等館子，應有盡有，我都親嚐過他們的製作。不過，我現在要討論的是它們的通性，藉以和我國的飲食烹飪傳統比較。它們彼此間的差異，無關宏旨，所以不在本文討論範圍之列。

（二）個人獨享和集體分享

我在「個人主義與中國社會」（見「比較哲學與文化」東大圖書公司出版）一文曾經對美國的個人主義作一簡明的解說，並把它和我國人與人間互相倚賴依存的社會現象略加比較。這裏不作重複的敍述。但有一點不得不再提及的，就是西方個人本位下的「獨享」方式，和我們倫理本位下的「分享」方式，眞是判若霄壤。在美國的社會，個人的成功和失敗，是個人的榮辱。貴爲政府高官的家人親友，地位寒微或一貧如洗的，大有人在。一個富商的百萬財產，不一定由他的妻兒繼承。可能由他個人意志與感情的一念支配，遺囑上的繼承者竟然是一頭家犬，一所慈善機構，或是一個和他家人素不相識的人。但在中國傳統的社會，個人的成功，家人、族人，和村里的人都可以「分享」。一人中了京榜榮歸故里，全村全族的人都歡騰慶祝。可是，一個人犯了滔天大罪的時候，可能全村全族的人都要分擔他的罪過而遭連累。奇怪的是，這一個「獨享」和「分享」的強烈對比，竟然在日常的飲食方式充份表現出來。

在中國的社會，數人結伴到菜館用膳的時候，儘管每人點了一款不同的菜式，但當菜饌端到桌子上的時候，各人都不約而同地去分享別人所點的。這是中國社會習見的事實，用不着再加描述。但在西方飲食方式之下，數人結伴到餐館用膳，每人所點的菜式都是爲自己一人獨享的，因爲他們用膳的方式根本沒有分享制度。由於極端的個人主義，分享制度也很難推行。同是牛排一道菜式，有人喜歡全熟的，有人喜歡半生熟的，有人喜歡外面焦黃而裏面血淋淋的。爲了尊重個人的喜好和權利，分享制度怎可以推行呢？

我在出國留學之前，已開始體會到中西飲食方式的差異，而且這一點體會來自一個很尷尬的場面。二十多年前我在師範大學念書的時候，因爲我的英文比一般人好些，一位朋友介紹我給臺北一位出入口商當臨時翻譯，招待兩位美國廠商代表。這兩位廠商代表，其中一位是推銷部經理，一位是工程師。僱用我的那位中國商人授權給我在菜館招待這兩位外賓和一些中國同業。一天的中午，我們走進一家中國菜館，大家坐下來，堂倌把菜譜端上。我於是按照中國人一般的共同用膳方式，引導他們每人點一款菜式。那兩位外賓先讓我們點菜式，好作他們的榜樣。輪到他們的時候，那推銷部經理喜歡吃鷄，點了一款炒鷄片。然後，最後點菜的是那位工程師。因爲我們所點的菜式還沒有湯，所以，在我的引導下，他所點的是「榨菜肉絲湯」。第一道菜端到桌上的是那推銷部經理所點的炒鷄片，這位經理隨即用英語問我：「這是我點的菜嗎？」我答說「是」。他毫不客氣地把那盤炒鷄片端到自己的前面，用英語說聲：「對不起，我先用了。」然後刀叉並擧，大快朶頤，連稱美味。可是我們幾個中國人尷尬萬分，面面相覷，不知如何是好。其中一位中國朋友提議說：「算了吧！就讓每人吃自己點的菜吧。」在這種侷促不安的情勢下，似乎只有這提議才能解決這個窘局，我們都一致贊成，各人都吃自己所點的菜式。而且，菜一端來，點菜者可以立刻下箸，不必等候。最後端到桌上的，却是那八人份的「榨菜肉絲湯」。點菜者却是那外賓工程師。那時，我不得不向他致歉意，並提議他再點一道別的菜式。可是他慣了他們那一套「守法」的精神，不想「破例」，惟有硬着頭皮把這一大碗肉絲湯吃完。我看他也着實可憐，惟有等待晚餐才給他一個補償的機會。

這種「個別獨享」的方式，也許和付賬的方式有連帶關係。我國人三五成羣到菜館用膳，在情感水乳交融的狀態下，根本誰付賬單也不成問題，只要大家吃得痛快。堂倌把賬單送上來的時候，許多人都爭着付賬。可是在美國人獨享方式之下，各人付自己的賬，一毛一分也算得準準確確的。這種鷄毛蒜皮式的計較，和精密的邏輯分析同出於一種心態，（見前文「中西道德的不同」），而個別獨享的方式，和個人主義也是這種文化心態下的產品。

（三）科學方法和藝術精神

在「中西道德的不同」一文裏，我曾解釋中西文化精神的基本差異。西方文化有三大支柱：科學、法律，和宗教；中國的文化有兩大基石，一爲道德，一爲藝術。但中西文化最顯著的差異還是科學性和藝術性的對比。科學和藝術最主要的差別，就是科學重精密的分析，準確的數量，和遵循固定的程序和法則。藝術重直覺的體會，像文心雕龍所說，「文無定法，神而明之」。學習方式不在遵循呆板的規律，而在於典型人物或典型作品的模擬。奇怪的是，在西方的文化領域，由於科技的進步，本來是藝術的也變成一門科學，在中國的傳統文化裏，一般西方人認爲該是科學的，也具有高度的藝術特性。醫學在西方文化不用說是一種科學，但我國的醫學却是一種藝術。烹飪技藝亦然，在美國變成高度的科學化，但在我國，這仍然是一種藝術，而且變成科學的可能性還是低得很。

現代科學最大的特徵是倚賴儀器和設備，人的直覺判斷減到最少的程度。西醫的診斷過程都倚賴溫度計，血壓計，X光，和各種化學實驗的設備。中醫師的診斷，主要靠三個指頭和「望」、「聞」、「問」、「切」的直覺。烹飪的園地，也有同樣的強烈對比。在科技的進步下，美國的烹飪幾乎全部倚賴機器設備。什麼切菜機，打蛋機，攪拌機，碎肉機，搾汁機，應有盡有，全部電動，烹製的過程，除了平底煎鍋及燒湯的鍋子之外，主要靠烤箱的功能。烤箱裏面的溫度是均勻的。只要時間控制得宜，遵守簡單而固定的程序，幾乎可以說三歲小兒都可以當烹飪師傅。原因是他們太倚賴機器的設備，人的「本領」，減到最低的程度。所以在美國一家普通菜館，絕對不愁廚師一氣之下離去的。一個廚師跑走了，三兩天便可以重新訓練一個出來。因爲他們的廚師不是烹飪藝術家，而是各種機器和烤箱的操作者或管理員。這是現代科技所賜吧！

回過頭來看，中國的餐館，和中國傳統的政治一樣，「人存政舉，人亡政息。」在中國華僑社會裏，中國菜館因爲厨子跑掉而關閉的，實在不知凡幾。這怎麼說呢？主要的原因是，中國的烹飪是一種藝術，培養一個藝術人才比培養一個科技管理員要難得多。在藝術的園地裏，沒有簡單固定可以作為長久倚賴的公式，自然沒有速成班可以大量製造人才。而且，習藝術的和習科技的不一樣，藝術是情意的產物，學習者要是對所學的性向不近，是很難有所成的。

到這裏，讀者也許會發問：要是我們把中國烹飪科學化，那麼中國菜館廚子的問題不是可以解決了嗎？在我看來，問題不是這麼簡單，若根據現代西方烹飪科學所發展的方向來把中國烹飪科學化，恐怕中國烹飪走十萬八千里路還未達到科學化的目的。因為西方烹飪的科學化，是根據西方飲食的嗜好和烹調的原理發展而成的。所以他們的烹飪科學化以後，他們本來的飲食嗜好的精神不致喪失。要是我們移花接木，東施效顰地，如法泡製一番，一定導致東不東，西不西的後果。我在返國講學那一年，在臺北市遍嘗寶島佳味，最不喜歡的便是許多當地朋友喜好的「烤白菜」。這是「東施效顰」「移花接木」的產品，其中極少我國傳統的烹飪藝術，製作極為簡易，只要有烤箱，幾乎任何家庭主婦都可以製作出來。可是臺北市的菜館，竟利用一般人「崇洋」的心理，把這一樁「賤貨」高標售價。奇怪的是這款菜式標價雖高，但比許多傳統方式的菜餚賣座得多。話又說回來，西方烹飪的科學化，是根據西方人本來飲食烹調的性向，那麼，我們飲食烹調的性向是什麼呢？中國烹飪技藝，眞是五花八門，但最能代表我們烹調一般性向的，却是「炒」的藝術。無論京、滬、揚、川、粵、閩、潮州、客家等菜式，炒菜都佔極重要的地位。炒菜所用的裝備，只是一圓底鍋和一柄鏟子。但是憑着這兩件原始的工具，多少美味佳餚可以製作出來。炒菜的技能，是藝術，不是科學，是極難用西方的方式來精確化寫在食譜上的，時間控制絕不能固定，火力的高低也很難有絕對的標準。炒動往來的次數也不能有所規定。炒菜師傅憑着對食物的良知，全神貫注。火力太高嗎？揮動鏟子的速度便要高些，火力弱嗎？讓食物留在鍋裏久些。揮動鏟子的藝術，等於書法家寫行書和草書一樣，像龍蛇的飛舞。有時像馬戲班的表演或國術的拳擊，來去自如，收發恰到好處。技藝未臻化境的，揮動鏟子太慢，可能鍋中的菜燒焦，揮動得太快，菜可能還沒有熟透，炒成的菜饌以剛剛熟而有鍋氣爲原則。說到「鍋氣」這個東西，極難用科學的語言表達出來，這是藝術的極致，只憑直覺的體會。所以我的結論是中國的烹飪是一種藝術，不是科學，要中國烹飪科學化，恐怕還有一段漫長的時期。甚至可以說，這是不可能的事。因爲中式烹飪科學化（應說「西方化」）之後，（像烤白菜）便要失去它本來的面目了。

（四）中國的茶和西方的酒

縱然從未出過國門的朋友，也許已聽過西方人嗜酒的風尚。法國素有「酒國」之稱，連消暑的飲料也以酒爲主。美國人的交際應酬也少不了酒。不論政界、商界、新聞界、娛樂界，甚至教育界和農人們的應酬場面，都以雞尾酒會爲主。平素三五成羣的友人結伴，最普通的去處便是酒吧廳。大城市的酒吧廳，數以百計。甚至「曖曖遠人村」的偏僻地帶，都有酒旗在望。筆者留學的初期，也曾當過掌酒吧的工作，因爲看不慣酒客的興奮醉態而辭了該職。一般來說，美國人酒醉的時候，極少乖乖地坐着寂然無語的。他們大都是精神亢進而興奮，毫無忌憚地大聲叫囂，從日常拘束的禮節中解放過來。筆者在華盛頓大學當研究生的時候，曾參加研究生聖誕聯歡會，目覩一位美國小姐三杯過後，向黑格爾的絕對精神祈禱而高呼黑格爾萬歲。在執教密蘇里大學的時候，曾在一教師聯歡酒會目覩哲學系主任柯士特羅（Edward Costello）酒後與人高聲辯論（此人平時一言不發）興奮過度而倒地。大抵酒是一種興奮劑，喝下去可以令人精神亢進提升而獲得一種從現實解脫過來的興奮感。酒之所以盛行於西方，而不大盛行於中國，也許和民族性有關吧！

中國在歷史上記載好酒的人也不少。陶淵明有飲酒的詩篇，李太白有「五花馬，千金裘，呼兒將取換美酒」的名句，竹林七賢有「劉伶劉伶，以酒爲名」的軼事，施耐菴筆下的武松打虎借助於酒後的餘威，羅貫中筆下曹操的橫槊賦詩也憑着酒來抒發興志。不過，這都是特殊人物的喜好，「酒」並沒有成爲我國人的普遍飲品，我們習俗上的交際應酒也極少（那些崇洋媚外東施效顰的例外）西式的酒會。在西化前我國的大都市，根本沒有酒吧廳這一同事。宴會上的喝酒，都是和吃菜一起進行的，和美國人純喝酒的方式很不一樣。筆者返臺講學一年，蒙舊雨新知邀約晚宴不知凡幾，席上各人縱使喝一兩杯，都只是沾唇的程度。那些比較多喝一點的，都遵守「惟酒無量不及亂」的古訓，從未見過有酒後興奮，大聲叫囂，或狂歡倒地的。

毫無疑問地，酒不是我國人的普遍飲料。我國人天字第一號的飲品，是擧世聞名的「茶」。

我國人喝茶的方式，和西方人喝酒時豪飲的興致完全兩樣，是慢慢淺嘗其中韻味和情意的。潮州人喝茶更講究，他們所用茶杯的容量可能不到一盎士，和美國人一大杯啤酒在手狂飲下去的興致簡直完全兩樣。廣東人的茶樓是一般人三五知己相與約聚的場所，一盅兩件，情意盎然。茶和酒最大的不同點，是沒有酒的興奮亢進作用。〔由於用開水沖泡，茶葉的清香，沁人心脾，怡情適性，使人有安閒寧靜之感。筆者最近出版的「比較哲學與文化」文集（東大圖書公司出版）裏，多篇論文都是在臺北希爾頓三樓明皇廳獨自晨茗時寫成的。其中不少靈感，來自茶葉的芬芳，雅致的座位，和寧靜的氣氛。這種便於行文構思的寫作環境在美國是絕對找不着的了。

根據禪學禪史的記載茶葉和禪定實在結不解緣。相傳達摩祖師坐禪入定之際，他的眉毛紛紛墜地，落在泥土裏長成茶樹，葉子的形狀和他的眉毛一個模樣，這個故事似乎有點荒誕，却啓示了喝茶對人怡情養性，鎮定心神的功能。日本人的茶道，把這一點功能發揮得淋漓盡致。去年七月我快離臺的時候，鵝湖月刊主編曾昭旭博士請我到臺北市新開設的功夫茶室餞行。這茶室的名字雖然不算好，但裏面清簡的陳設，幽雅的情調，新穎脫俗。置身其中，心曠神怡，使人對外界塵囂的市塵，忘記得一乾二淨，和美國熙熙嚷嚷，情侶在打情罵俏，醉漢在高聲叫囂的酒吧廳，眞有天淵之別呢！

（五）餘音

「中西飲食烹調的不同」是一個範圍極廣的題目，並不是幾千字短文可以賅括一切的。而且，中西不同的比較，仁者見仁，智者見智，絕對不限於一個角度。不過，本文作者的觀察和立論，是根據他多年來從事比較文化研究的心得。科學方法和藝術精神的對比，個人獨享和集體分享的現象，是中西文化一般性的差異，而不是侷限於飲食烹調一範圍內的。這兩點不同，在「比較哲學與文化」已有較詳盡的分析，本文是該書中心思想的推廣罷了。

哲學的活動，是對人生經驗反省思考。由於對道德經驗的反省而產生道德哲學(或倫理學)，對美感經驗反省而產生美學，對宗教經驗反省而產生宗教哲學，對科學經驗反省而產生科學哲學，對認知過程反省而產生認識論，對宇宙本體（爲吾人想像所能經驗者）作通盤反省而產生形而上學。哲學研究的對象，是人類經驗（廣義）的全部。「飲食男女，人之大欲存焉。」飲食烹調和男女關係是人類經驗的重要部份，爲什麼研究哲學的人總對這些經驗避而不談呢？許多哲學教授們的論著，談的多半是「存有」、「先驗」、「辯證」、「分析」、「綜合」、「心性」、「良知」等名相，喜歡把前賢談過的題材翻來覆去地再說，極少人發掘新的題材來討論。我在本文談飲食烹調，雖然篇中沒有「子曰」「詩云」，也沒有什麼「根據康德的看法」或「近人某氏的意見」，但在哲學的園地裏，這却是新的嘗試。也許有些學者們認爲格調太低，卑無高論，但

四、中美婚姻觀念的不同

(一) 導論

「婚姻」這個題目，一向是社會學學者的專利品，哲學學者極少闖進這個園地來作開墾的功夫。我的哲學觀也許和別的哲學學者不同：我雖然在教學的時候常常討論什麼「先驗綜合」、「本體論證」等令人摸不着頭腦的名相，也曾寫過純邏輯理論的博士論文，但我一向主張哲學不能脫離人生，不能蔑視經驗。「婚姻」是人生一個極重大的題目，爲什麼哲學學者們往往避而不談呢？

「中美婚姻觀念的不同」是一個極平凡的題目，幾乎任何一個留美學人或有所體會的留美學生都可以下筆便寫成洋洋萬言的文章。不過，我寫這一篇文，不是來自偶爾的體會或片面的觀察，而是多年來研究比較文化的心得，和我文化哲學的中心觀念是遙相呼應的。

和本文論題有關的文化哲學中心觀念有兩個，第一，美國社會流行的極端個人主義，重視個人的權益和自由，盡量發展個人的獨立性。我國社會一向注重倫理生活，注重人和人間的相互依存的關係。第二，美國人的心態，偏重於「探究」、「好新」、「冒險」、「超越」，和「進取」的精神。反之，中國人的心理，愛好和平，富悠久的理想，人與人間的相處，重關懷和同情。這兩點在拙著「比較哲學與文化」（東大圖書公司）已有詳細的說明，讀者可參閱該書第三、第五兩章和附錄。

不過，我們作比較文化的研究，不能對中心觀點過份執着。中心觀點只表示一般的趨勢，並不代表毫無例外的嚴格規定和劃分，中國也有持個人主義的，而個人主義在美國，也不是全民「遵照奉行」的。中國人的心態，也有探究、進取、冒險、好新，和超越的性向，而關懷、同情、悠久的理想、惻忍憐憫之心，也不是完全和美國人絕緣的。比較文化的探究，是一般的趨勢，特殊的例外是難免的。要是我們因爲有特殊的例外便否定探究一般趨勢的價值，這無異「因噎廢食」，不懂得比較文化研究的目的和旨趣了。再其次，我們作比較文化研究，最好避免主觀的價值判斷，先從分析事理入手。作者的立場，全在乎闡述中美文化的異同，孰優孰劣，何去何從，留待讀者諸君去選擇吧。

(二) 男女之間

一談到男女之間在美國，我國人一定許多會搖搖頭，慨歎世風日下，道德淪亡。誰都知道，男女社交在美國比我們的開通，男女間的性關係比我們的隨便。不過，僅知道這一點，是「知其然而不知其所以然」的膚淺了解。要是我們能追本溯源，從美國人的基本心態來解釋這種現象，我們便不致流於武斷，或產生偏見和誤解。

美國人的基本心態是 Wonder 和 action 的結合體。前者可以溯源於古希臘，支配着整個西方民族的性格。後者是開拓新大陸的精神和實踐主義（Pragmatism 國人一向翻作「實用主義」，誤。請參閱「比較哲學與文化」第七篇）影響下的產物。實踐主義的精神，和我國一般人了解的「知行合一」或「力行」頗接近，用不着特別解釋。不過 Wonder 的含義，極難透過中國人的一般經驗來解釋，而且這名詞也沒有適當的中譯。我在「比較哲學與文化」的附錄，曾對這種心態作哲學性的分析：

『在 Wonder 的心境裏，主體和客體是分立的。……客體和主體間有着一段距離。因為有了一段距離，客體對主體便有一種招引的力量，招引主體去探究客體的自身。在主體探究客體的過程中，……主體所追求的問題只有一個：「它（客體）是什麼？」至於客體是否會對主體不利，是否有益世道人心，本身是美的還是醜的，這些問題，主體一概不管。只要能解答「客體是什麼」一問題，Wonder 的歷程已到達彼岸，客體不復是主體的對象，倘若主體尚有餘興時，便要另尋客體作對象了』。

這種心態的特徵，是愛自由獨立，喜探究新奇，富冒險進取。從文化哲學的立場來看，這實在是發展科學的原動力，科學家若不具有這種探究精神，是不容易有所發現或發明的。然而，這種精神表現於男女兩性的關係，便似乎爲我們東方道德所不容了。他們的探究新奇，在我們看來眞不可思議。

一個二十餘歲的青年，和他母親或祖母同年齡的婦人發生關係，正是 Wonder 心態下自然產生的現象。他們要「探究」對方的時候，不管美醜，不計年齡，不管未婚還是已婚。禮俗的非議，也自然置諸腦後了。然而，他們所追求的，只是「探究」上的滿足，縱使「春風幾度」，也不輕易「許以終身」的。

從認識的角度來分析，美國人不少認爲性關係是一種認知過程。當作者十六年前初度聘於密蘇里大學當講師的時候，班上有一位年青貌美的美國小姐，生在天主教的家庭，父親是聖路易市的名律師。這位小姐天資穎悟，口才敏捷，但對班上的男同學常打主意。有一次，作者和她有機會作長談，順便問及她對男女關係的看法。她直言不諱地回答說：「I like sexual intercourse.」。問她何故的時候，她答說：「This is the best way of knowing a person——這是了解一個人性格的最好方法。」接着，她補充解釋，男女間普通的來往，像看電影吃晚餐等活動，是極爲膚淺的。只有透過性的過程，才能深入了解對方的人格。我那時在美國只居留了三年，這位小姐的論調，簡直聽不入耳。後來才慢慢發現，這位小姐的說法，竟代表不少美國人的觀念，而心理學家也有不少持有這種論調到的。最近我對 Wonder 有較深刻的體會時，才了解他們的觀念：sexual intercourse as a wondering process。

而父母年老時靠子女奉養，在我國傳統社會已被視爲當然的事實。我國人古老的擇偶方式，「父母之命，媒妁之言」，可能已被今日年青一代認爲落伍。可是，從我個人的文化哲學來看，這種父母安排的擇偶方式正代表我國民族心態的兩種意識：concern 和 mutual dependence（關懷的意識和相互依存的心理）。父母爲子女擇偶，當然是假定子女能力和經驗的不足而需要倚賴於父母。但從另一方面看，却是父母對子女關懷心表現的極致。子女已經長大成人了，父母不必操心了。但在子女正式脫離父母獨立之前，父母仍須對子女作一次最後的關懷的表現，這就是替子女擇偶。在年青的一代看來，這是父母權利的執行，那又怎曉得這是父母對子女關懷的極致呢？西風東漸以來，年青的一代，不少自由戀愛而結婚。可是一般人却忽略了自由戀愛的先決條件——自幼培養的獨立能力。在缺乏這先決條件之下，自由戀愛的擇偶方式，往往造成「一失足成千古恨」的悲劇。

自由戀愛在美國當然比在我國行得通，因爲美國的教育，自幼便開始培養個人獨立的能力。兒童週歲左右，便開始獨睡一房間，不要大人陪着睡覺。因爲美國一般家庭沒有傭人，兒女們稍長便要幫忙父母服務，包括吸塵，清潔，打掃庭院，割草，灌水，施肥等工作。而且美國人家庭很鼓勵子女經濟獨立，縱使是富裕之家，也鼓勵兒女在外工作。所以他們許多時就讀中學的時候，已經自給自足，不必向父母討零用錢了。至於學校教育，從小學開始便鼓勵兒童們發表自己的意見，注意獨立思考和獨立判斷的培養。由於這種培養獨立能力的教育，美國的學生到了大學階段時，對政治、社會、經濟，以及國際現勢等問題，都有自己一套獨立的見解。談到男女社交和擇偶，美國的青年們自然要求擺脫家庭的束縛了。

美國青年男女找異性朋友，根本用不着別人介紹。尤其是在中學和大學的校園裏，在學生活動中心坐坐便可以搭上一個週末出遊的異性侶件。女孩子對男孩子的搭訕，十之八九是來者不拒的。女孩子向男孩子搭訕，已是司空見慣之事。男女約會的時候他們往往不計較對方的家庭背景，教育程度，或品性嗜好。這些條件，好多時在「幾度春風」之後才慢慢注意到。性格如大相逕庭，可能不再有第二次約會。性格比較相投的而又互相喜悅的，第一次約會卽行「雲雨之歡」也不足爲怪。「雲雨之歡」並不是表示以身相許，而可能是共同尋樂，藉以調劑身心而已。女孩子和男孩子發生性關係而不嫁給那人，心理上並沒有「吃了虧」的感覺，反之，只不過在wonder的歷程又創一項紀錄而已。大抵他們的見解是，男女間關係愈多，對將來找尋終身伴侶的把握愈大。

在美國男女社交最足以表現 wonder 心態的，是司空見慣的 blind date（直譯爲「盲的約會」，跟對方從未謀面之意。）這和我國的盲婚大爲不同。在盲婚制度下，男女當事人雖從未謀面，可能父母已替當事人調查清楚，當事人大可以放心。其次，盲婚是終身的，而盲約會可能只是一次過的「交易」。大學裏的男孩子若從朋友知道某宿舍某房間的女孩子不錯，可以直接給那女孩子打電話，自我介紹一番。要是那女孩子正想找異性伴侶的時候，很可能「立刻照准」。當然，許多時見面的時候，才知道對方和自己的「意中人」距離很遠。但一次過的「交易」，是紅的，白的，黑的，癡肥若豚的，或骨瘦如柴的，都不在乎。反正是增加人生經驗，在 wonder 的歷程，獲得短暫的滿足就是了。

美國人擇偶的標準，最主要是兩人的互相契合（compatibility），其餘的條件像「門當戶對」及教育程度可以不在考慮之列。筆者在十二年前有一個女學生，長得很不錯，聰明乖巧，不少男士們見了都會動心的。這女孩子在南伊州大學拿到碩士學位後，在中學教了幾年書。不少向她求婚的都一一謝絕，後來，她竟嫁給一個連中學都沒有畢業的售貨員。從我們中國人的立場來看，眞有點不可思議。不過，我們要知道，他們擇偶的標準，和我們的標準，實在有很大的差異。他們的標準是「互相契合」，除了性格的契合之外，性生活的契合，也構成他們認爲是佳偶的條件。

中國人的擇偶，在老一輩的安排下，最要緊是「身家清白」和「門當戶對」。「身家清白」往往是男方要求女方的條件。在男性中心的中國傳統社會，許多平素喜歡在歡場中玩女性的男子，也要娶一個身家清白的女子爲妻。在舊日的中國社會，那些像今天當過酒家女，咖啡廳待應，或「馬殺鷄」女郎，休想嫁得好門戶的金龜婿。在一夫多妻的制度下，她們想嫁得好門戶，只好做側室或偏房了。至於「門當戶對」是一般家長替子女擇偶特別講究的條件，這都是國內讀者耳熟能詳或身體力行的，用不着我描述了。

（四）對「結婚」的看法

中國傳統擇偶方式和現代美國人擇偶方式不同，原因是他們對結婚的觀念有顯著的差異。在個人主義極爲流行的美國社會，結婚是兩個個體的結合。只要男女兩方都到達法定的年齡，而且從未結過婚的，第三者沒有權力來干涉。當事人如遭遇婚姻生活困難，要是他們不自動提出向父母叔伯或師友請敎，旁人是不會過問的，現在一般的趨勢，夫妻間產生問題的時候，往往到婚姻顧問那裏請敎。婚姻顧問多半是受過心理學訓練的，他們對夫妻糾紛的調停，許多時頗能奏效。美國法律規定，婚姻顧問絕對不能將當事人的資料向外洩露，違者受很嚴重的處分。這一來，當事人的名譽有足够的法律保障，可以安心向顧問請敎了。不過，這些婚姻顧問對夫妻間問題的貢獻，不在給與具體或正面性的建議，而在對問題作分析和協助當事人去了解對方。一切決定性的計劃和意見，讓當事人自己去作主意。這種輔導方式，充份表現對個人意志自由尊重的精神。當事人的敎育水準和智力有相當程度的話，這種輔導方式很能奏效。倘若當事人是平庸愚劣或目不識丁之輩，這種輔導方法也極難有良好的效果。

在注重人際間相互依存關係的中國傳統社會，「結婚」絕不是兩個個體結合那麼簡單，而是兩個家庭甚或兩姓兩族的結合。父母爲兒子娶媳婦回來，表面看來是爲兒子完婚，其實是爲整個家族娶婦。因爲這緣故，新人一入家門，便要拜祭祖先，這是一種「家人」見面禮。『在中國社會裏，人與人間的互相倚賴性並不限於生人和生人間的關係。生人和死人之間，也有一種互相依存的現象。生人往往藉着死人的餘蔭，就是藉着祖宗的功德或顯赫的威名來在社會上立足。而死人也藉着生人的功業而聲名得以顯耀。已死者和仍活着的雖然死生之路斷，幽明之路隔，但兩者間的關係，仍然是一種相互依存的關係。這是形上世界或宗教領域的一種眞實，是很難用描寫普通經驗的語言去界說的。』（「比較哲學與文化」第七十五頁）換句話說，在中國傳統社會，嫁娶是家族（或大家庭）間的大事，牽連的人（包括歷代宗親）實在不知凡幾。我國的婚姻，向來都場面隆重，意義深長。可惜歐風西漸以來，中不中，西不西，徒具禮節的虛文，但這些禮節背後的意義，恐怕已被人忘得一乾二淨了。

從另一角度來比較中美對「結婚」的看法，我們可以簡單的說：美國人的結婚是爲自己的，中國人的結婚是爲他人的。這怎麼說呢？一個美國男人娶妻，主要是找個長久性的異性生活侶伴，從而在生理上、心理上、社交上需要獲得滿足。但在中國傳統社會裏，男子娶妻，主要是傳宗接代，侍奉翁姑。美國人爲自己結婚，所以一定要自己親自出馬，選擇一個和自己性向嗜趣相投契的。中國人爲他人結婚，所以連配偶不是自己選擇的也不在乎，換句話說，美國人的結婚，是個人的權利，中國人的結婚，却是對家庭的一種義務。我在「中西道德的不同」已有很淸楚的說明「權利」觀念不是我們文化的特產。反之，我們的道德傳統，對「義務」特別重視，這也許是我們民族道德意識特別濃厚的原因之一。

（五）對「離婚」的看法

中國人對美國人的婚姻最看不過眼的，便是他們對離婚的隨便。我在一九六〇年（民國四十九年）到美國聖路易市華盛頓大學深造，幸列美國當代哲學大師李維氏（Albert William Levi，「比較哲學與文化」第二一二頁有簡單介紹）門下，李氏著作等身，文筆典雅，辯才博洽，門弟子都爲之仰慕不已。後來從一位講師口中，聽說他曾四度離婚，那時的太太，已是第五任的夫人，我驟聽之下，覺得很難相信，我很難相信我最仰慕的一位老師竟是四度離婚的人。那時，我剛到美國不久，滿腦子都是中國傳統的道德觀念，沒法對美國人的生活方式和基本信仰獲得同情的了解，後來，在美國住得久了，而且對美國文化下了一番苦功來研究，然後才了解中美兩國人爲什麼對離婚的態度有重大的差異。一般而言，美國人的心態屬 Wonder 型，探究、好新、冒險、進取。中國人的心態屬 Concern 型，富「相依爲命」和「天長地久」之情。不過，從不同心態來分析，仍未足够解析美國離婚率高的現象。而且，不少飽受中華文化的留美學人，在美宣佈和配偶離婚，難道他們從 Concern 的心態轉變爲 Wonder 的意識嗎？要解釋美國人離婚率高的現象，一定要從美國人日常生活去找尋答案。

美國是一個高度制度化的社會，個人的重大問題（如失業、疾病等）可不靠親友的協助而直接倚賴政府機關。由於社會制度盡量減少個人間的互相倚賴，人和人間的情感交流也因社會制度化而減到最弱的程度。我在『「情」與中國文化』(見「比較哲學與文化」第三篇)開頭的一段，曾有如下的描寫：

『中國社會是講人情的，有人情便有溫暖，下完了課或公務之餘，可以約兩三知己，到茶樓或咖啡館裏談天說地，多麼快意，多麼夠情調。有歡欣喜樂的事大家一齊高興，有不如意的事大家互相關懷和照顧。人和人間的關係，縱使不是水乳交融，也算相互感應。可是，離開了中國的社會，尤其是到了美國，情況便完全不一樣了。你有暇想找朋友談天嗎？你的朋友可能嫌你打擾他。你有高興的事要告訴別人嗎？別人可能淡然置之。你有不如意的事，要別人幫忙嗎？你可能呼天不應，叫地不聞。人和人間的關係，只是利害或和公務式的關係。當你有利於他人時，你可能會被請爲席上客，但當你對別人利益毫無貢獻的時候，別人自然對你冷落……』(見拙著「比較哲學與文化」三十九至四十頁)。

那麼，美國社會的人情冷淡，和離婚率的高低又有什麼關係呢？要回答這問題，最好從中國社會說起。婚姻生活是一種情感生活，理智的運用只有輔助的作用。在兩口子的生活裏，夫妻反目或口角是在所難免的事。但反目或口角往往能導致情緒的緊張或不協調的現象。在中國的社會，由於人際間的情感交流比較通暢，夫妻反目所引起的情緒緊張很容易從其他人際間的情感交流而獲得鬆弛下來。但在美國的社會，人與人間的情感交流比較受限制，夫妻間衝突所產生的情緒障礙不易獲得疏導，日積月累，很容易變成長期性的不和了。舉個顯淺的例子來說，在中國社會裏，夫妻或因什麼事口角，做妻子的，可以回娘家休息一兩天，或到一位要好的同性朋友那裏傾訴一番，做丈夫的，可以和朋友到茶館聊天。過了一陣子，再回到家裏，兩口子便很容易和好如初了。在美國社會，夫妻反目之後，由於社會習俗的不同，雙方都不容易得到向別人宣洩的機會，縱使表面上可以和好如初，但情感上的創傷沒有機會完全彌縫過來。此後如風波再起，情感的傷痕愈深，便很容易導致離婚的悲劇。

由此看來，美國人離婚率高，和他們的生活方式或人際間缺乏情感交流很有關係。在中國社會，人與人的關係可以用五倫作代表，夫婦的關係只佔一倫而已。換句話說，婚姻生活只佔中國人生活的一小部份。縱使夫妻失和也不致令精神生活崩潰。因爲這個緣故，在中國社會，許多失和的夫妻也不必到法庭申請離婚。但在美國社會，情況大不相同，由於人與人間的情感不易交通，情感生活，集中在夫婦一倫上面，婚姻生活佔他們生活的一大部份。這一來，夫妻失和便很容易導致感情生活的全面崩潰。在面臨這種危機之下，離婚對美國人是無可避免的。我們若明白美國人精神生活的處境，便不至於胡亂責備他們把婚姻當作兒戲不懂得天長地久之道了。

（六）餘論

本文撰寫的方法，不在羅列所有相關的資料去把論題作全盤性的解說，而在選取一些基本的事實來作哲學性的分析。「父母替子女擇偶」和「美國人離婚很隨便」都是國內讀者耳熟能詳的基本事實。但「父母替子女擇偶」代表中國文化的一些什麼特性？和中國人的心態有什麼關係？「美國人離婚的隨便」和他們社會生活有什麼關係？這相信不是國內讀者人人都能解答的問題。本文的基本任務，就是給這些問題一種哲學性的答案。哲學的方法，和社會科學方法不同。社會科學注重蒐集資料，從觀察資料來獲得對事實的論斷。哲學的任務，在乎觸類旁通，窮極源委，給看來極平凡的事實予以深刻的意義。所謂「斜陽芳草尋常物，解用都為絕妙辭」，便是這個道理。

有些讀者也許以為我在選取事實的時候，忽略了事實的普遍性和時代性。說到美國人離婚隨便，有些讀者會以為我故意誇大，忽略了他們的宗教傳統和保守性的一面。但我不得不說明，第一，他們的宗教傳統已和他們的現實生活有了一段的距離，不再像從前發生制約道德行為的作用。第二、不少教會人士為了他們宗教傳統的持續，不惜改易原來的教義來適應現實的生活。至於那些較為保守的美國人，實在為數不多。而且，他們的保守力量，往往只限於對他們自己行為的約束，由於個人主義的流行，很不容易對他們的子弟或後輩發生影響作用。換句話說，我對事實的選取，是根據一般的趨勢，而不是作有意的誇大。根據目前加州人所共知的數字，申請結婚和申請離婚的比數為二比一，而且根據加州的法律，離婚的申請是「有求必應」的。（不必雙方同意，只要一方以性格不合無法相處作要求，法庭便會批覆照准。）讀者們若知道這些事實，也不應該會責備我有意誇大了。

至於中國方面，「父母之命，媒妁之言」似乎已失去時代性。歐風東漸以來，年青的一代都有自由戀愛和自由選擇對象的機會。不過，中國的青年男女，還沒有養成足够的獨立能力。而且，個人主義在中國還不算很流行。許多青年男女戀愛「成熟」的時候，還是報告家長聽候定奪的。由於最後的批准或同意，仍操在家長們的手裏，父母對子女的擇偶，仍然間接地「大權在握」，不過由「一手包辦」退居爲「照准」或「否決」的地位而已。「父母之命，媒妁之言」，作爲一種社會制度，可能已成過去。但在這種社會制度背後的 concern 的心態，依然在我國人的意識裏持續着，而且還強有力地支配着一般家長對子女婚姻的態度。社會制度很容易隨時代過去，但一個民族的心態是很難在短時期改變過來的。

也許有些讀者認爲我在「男女之間」一段，描寫美國人性生活的隨便，有點過份或誇大。其實一點都沒有，在留美習哲學的學人當中，也許我是比較深入美國社會現象的一個。（請讀者記住，我在美從沒有靠出賣祖宗的遺產混飯吃。我在美國十多年來以教美國哲學爲主，東方哲學僅爲附帶而已。）而且，我的英文比一般留美中國人好些，比較容易打進他們的社交圈子。我移教北伊大第一年的時候，那時比現在年輕十多歲，許多次美國人晚會的邀請，我都欣然應約。有一次，我在一位同事家參加晚會，到了更闌興盡的時候，竟然發現其中一位同事的太太，摟着另一男子狂吻，她的丈夫在旁視若無覩。（這對夫婦非常恩愛，至今十多年沒有鬧離婚。）我當時大喫一驚。後來從別人那裏得來的消息，那主持晚會的同事，原來是北伊州大學「配偶交換會」的主持人，那天狂吻別人的女子及其丈夫，都是該會的會員。我眞想不到在高等學府裏竟然有這種交際的組織，這也是我辭退北伊大教席原因之一。

「配偶交換」在美國已屬司空見慣，所有大城市都有機構主持其事。從中國的道德觀點來看，這是極爲下流無恥的。但從西方人的心態來解釋，這是 Wonder 意識的一種極端表現。和別人的配偶作春風一度，可以獲得 Momentary Wonder 的滿足。有些性心理學者認爲配偶交換可以作爲一種心理治療方法。未知國內心理學者對這個看法如何？

西方人的 Wonder，在希臘的文化已有很高度的表現，在哲學、科學和文學的成就，無與倫比。近世科學的勃興，也是 Wonder 心態的一度突破性的表現。可惜 Wonder 若沒有 Concern 來維繫，好像野馬脫韁繩一樣，東闖西闖，毫無目的地亂闖，直至自我毀滅而後已。這一篇文章，最初的動機只是事實的分析和了解，本來不想參雜價値判斷的。可是到了最後，我無法禁制我自己價値判斷的欲望，原因是我自己的心態是 Concern型，「爲天地立心，爲生民立命，爲往聖繼絕學，爲萬世開太平。」

親愛的讀者們，Wonder 和 Concern 之間，你們要作甚麼選擇呢？（對這兩概念的解說，請參看拙著「比較哲學與文化」附錄）。

能的工具而已。在中國的社會裏，爲人師的都受到一般人的尊崇和景仰。在精神文化的地位，可以說在所有其他行業之上。在舊日的社會裏，學童拜師的時候要拜祭天地，然後向老師叩頭行禮。「有事弟子服其勞，有酒食先生饌。」（論語）中了榜魁，榮歸故里的時候，要向老師叩頭答謝。「師」的地位，和「天地君親」並列。這一來，我國的「師道」，簡直就是「聖道」或「神道」了。在今日的美國社會，教師的地位，和機械師、建築師、會計師，或工商管理員沒有什麼不同。教師只不過七十二行中的一行而已，既不是神聖的職業，也沒有崇高的身分。他們和一般勞動階級一樣，組織工會，用罷工手段來要脅校方加薪。他們既不必守神聖的天職，也不必擔負任重而道遠的使命，唯利是圖的基本精神，和美國的一般商人差不了很遠。

在中國大學的講堂裏，教授高據講壇，或肅立，或端坐，「譬如北辰，居其所，而衆星拱之。」（論語）學子們乖乖地坐着聽講，教授所講的，每一句都是至理名言和金科玉律，縱有疑難，誠恐冒犯師顏，也不輕易隨便發問。在美國大學的教室裏，教授只不過是個研究報告者或討論會的主席，既不能妄自尊大，還要尊重每一位出席者的發言權。學生的意見縱管如何幼稚或荒謬可笑，做教授的也不敢隨便申斥或責罵。學生言語偏激冲撞了老師，老師也只好忍氣吞聲，逆來順受。在美國大學裏，學生因爲在堂上侮辱師長而遭記過處分的，更是聞所未聞。大抵在美國高等學府裏，師生間的關係，已由「尊卑」的關係淪爲「儕輩」的關係了。（附註：在美國一切人倫關係都可以說是「儕輩」關係，沒有我們的「尊卑」之分。）

由於師生間的關係沒有尊卑之分，美國高等學府很多現象是我們高等教育界人士看不慣的。高年級的和研究所的學生，往往對老師不以「某某教授」尊稱而直呼老師的名字。年輕的教授們常常和學生結伴到咖啡館或酒吧廳閒聊。女學生和男教授的約會時有所聞；大學當局對師生戀愛從不干涉。聽說不少女生用姿色來博取較高分數的。這種做法雖然也不爲美國道德所容許，但在保障個人自由的法律之下，社會道德的制約力量是極爲有限的。

在中國大學對教師的考核，多半是由系主任、院長，或資歷較深的同事來執行，學生是很少有權過問的。縱使教授在堂上不知所云，或從不批改作業，學子們也不敢當面質疑，只有忍氣吞聲到系主任那裏投訴。美國的大學生，除了够膽子對教授當面批評之外，他們還有一份考核教授教學成績的權利。一般大學都鼓勵學生對教授的考核和品評。每學期終了的時候，教務處（或系辦公室，或學生會）發給學生一份對教授的評分表。評核的標準，除了對所授學科知識深廣程度及教學方法之外，還包括「對學生個別指導的熱忱」、「能否容忍異己的意見」等項目。在許多大學裏，教師的續聘、加薪，和升等，都多少決定於學生對他們的評價。這是「民主」制度的作風，但也是「商業」社會的特產。在競爭强烈的商場裏，「顧客至上」已成爲做生意的首要原則。從一般美國人的眼光來看，一所大學好比一個商業機構，學生們便是顧客或消費者，教授們好比服務顧客的店員。那裏有得罪顧客的店員能長保他的職位或受寵於店主呢？

在中國的高等學府裏，縱管學子們對教授不敢作當面或公開的批評，但他們的內心對老師的要求是很高的。「師者，所以傳道、授業、解惑也。」（韓愈師說）在道德上，老師應具有十全十美的人格，在學問上，老師對所授學科的內容應無不通曉。當老師的若要常常維持學生們的信心，便不得不常抱着「如臨深淵，如履薄冰」的心情，不斷的自我策勵，進德修業。事實上，不是所有在國內大學執敎的大學敎授們都能做到這一點。他們許多時不得不用一些怪招來維持學生對他們的信心。那些敎文科的，喜歡表演驚人的記誦能力，在講堂上把古書打着拍節有聲有色地背出來。那些敎數理的，有時也表演背誦公式的本領。可憐那些耍不出招數的，惟有用罵人的辦法來維持學生們的信心：罵同事、罵同行、罵洋人、罵古人，以致罵學校當局和自己的政府，來博取學子們的稱快，從而維持他們在學子們眼中的地位。奇怪的是，美國的大學敎授們用不着要這些花招。他們對聞人或時事間或有所批評，但不致流於謾罵式的攻訐。他們也不必用背書的方式來維持學生對他們的信心，原因是美國的學生對老師的要求並不高。他們既不要求老師是道德的楷模，也不要求老師對所授學科的內容無不通曉。他們並不把老師當作知識的寶庫或智慧的泉源，而是他們求知識或技能過程中的工具或「觸媒劑」。當他們在堂上發問，老師不能回答而直認不懂的時候，他們也不會因此而看不起老師。在美國的大學敎師，雖然得不着學子們五體投地的崇敬，但不必學國內有些前輩學者在學生的面前什麼都要裝懂。「知之爲知之，不知爲不知」（論語）的聖人遺訓，似乎在美國敎書的中國學人，因爲入鄉隨俗的緣故，都能澈底遵奉了。

我幼時讀三字經，到現在還記得下面這幾句話：「養不敎，父之過；敎不嚴，師之惰。」由此可知教師對學生所負的責任，不亞於父母之於子女。這一個觀念在教育部頒佈的「中等學校導師制綱要」中反映出來。這綱要其中一項說：「各組導師對於學生之思想與行爲各項，應負責任。學生在校或出校後，在學問或事業方面有特殊貢獻者，其榮譽同時歸於原任導師；其行爲不檢，思想不正，如係出於導師之訓練無方者，原任導師亦應同負責任。」這是中國社會對師道重視的一項明證。反過來問，要是老師行爲不檢，學生是否也要負責任呢？老師犯了罪，學生是否也會被牽連呢？這個問題使我不禁想起明代方孝孺慘被誅十族的故事。明太祖死後，傳位長孫。少子燕王棣利用武力，發動靖難之變，强奪皇位，是爲明成祖。當明成祖篡位成功的時候，命賢臣方孝孺草詔，方誓死不從。成祖大怒，下令要誅方孝孺十族，這是一個別開生面的命令。通常犯了罹天大罪的都是誅九族。所謂九族，指父族的四種親屬，母族的三種親屬，和妻族的兩種親屬。（另一種說法是從自身算起上及高祖下至玄孫所包括的親屬。）那個奉命誅方孝孺十族的却無法算得出第十族來。但皇上的聖旨不能違背，結果把方孝孺門生的族人也捉來處決。這個故事看來是一個跡近荒誕的悲劇，其中却寓有深長的社會學的意義。第一，現代的西方社會（尤其是美國）是以個人作基本單位的。個人的榮譽和財富自己享有，而個人的犯罪也自己獨自擔當刑責。但在我國社會，人與人間榮辱相關，休戚與共。個人的犯罪，連累不少村人族人。個人中了京榜，村人族人都歡騰慶賀。第二，「師生關係」雖然不在五倫範圍，但按照我國傳統社會的實際情況，師生關係應和「君臣」「父子」並列。在武林的傳統裏，老師爲人殺害，徒弟以「不共戴天」之心復仇的，簡直比比皆是。這一來，老師犯罪學生同被處決，從中國人的社會觀及倫理觀看來，並不是荒誕悖理之擧。但從美國個人主義的觀點來看，老師犯罪學生遭處決，或學生犯罪老師遭牽連的事件，是象徵專制、野蠻、違反理性，和蔑視人權。這種因學生或老師（或家屬或親戚或朋友）犯罪而受牽連的現象，美國邏輯學者稱之爲 guilt by association 的謬誤。在推理的過程中，我們若因爲某人的品德壞而斷定和他交往的人也有品德問題，便犯上了這一項的謬誤。邏輯雖然被一般學者認爲是純思考的問題，但上述的邏輯原則，是建立在個人主義觀點上的。

在美國當敎師的，既沒有崇高的地位，也不必負「敎育神聖」的使命或「良師興國」的重任。在美國的社會，敎師的地位，遠在「醫師」、「律師」，和「牧師」三師之下。負神聖使命的有牧師，他們替神工作，洗滌世人的罪惡，拯救世人的靈魂。至於拯救世人肉體的有醫師，他們懸壺濟世，解脫人們疾病的苦痛。維持社會秩序，進而治國平天下的却有律師。不少州長、議長、總統及其內閣成員，都是當律師出身的。我在美國居留了十八年，親眼看見美國最優秀的青年都爭着投考醫學院和法學院，惟有那些「胸無大志」及「碌碌庸才」之輩才進敎育學院準備將來當老師去。這是文化的前途，還是社會的隱憂呢？

回憶二十三年前，我擺脫了醫學院，法學院，和理工學院的引誘，毅然考進了師範大學的敎育系，無非是「良師興國」和「敎育神聖」的使命感所驅使吧。肄業師大的時候，什麼「敎育史」、「敎育心理學」、「敎育哲學」，和「比較敎育」等科的參考課本，都是美國人編寫的。滿以爲美國這個國家一定注重敎育，尊崇師道，於是下了決心來美留學。可是遠望是蓬萊仙境，到達彼岸時滿目荒涼。十多年來執敎上庠，有志難伸，神聖的使命感也隨着煙消雲散。前歲臺大哲學系邀我返國擔任客座，並兼敎席於文化學院哲學研究所，學子們對我恭敬的態度，他們認眞求學和尊師重道的精神，使我非常感動，使我恢復當年「良師興國」和「敎育神聖」的信心。然而，好景不常，客座任期轉瞬告滿，我於是重返美國加州，入鄉隨俗地繼續誤人子弟。海外傳經，本非夙願。師道淪亡，感慨系之！此邦沒有「敎師節」，若不是臺北友人把敎師節特刊寄來，我也記不得敎師節在那一天了。還談什麼「良師興國」和「敎育神聖」呢？

中華民國六十七年十月二十五日脫稿於美國加州州立大學。

六、孔子與杜威

——答柳嶽生教授

(一)前言

拙作「杜威哲學的重新認識」(「哲學與文化」第四卷第九期;現收入拙著「比較哲學與文化」,已由東大圖書公司出版。),刊登以來,頗引起讀者們的熱烈反應。其中輔仁大學柳嶽生教授「孔子與杜威」(「哲學與文化」第四卷第十二期)一文,對本人更讚譽備至。本人感愧之餘,不得不在美國生活的忙碌中,勉強提起很久沒寫中國字的筆桿,來酬答柳教授討論學術的熱誠和對本人文章賞識的雅意。

最使本人感動的一點,便是柳教授認爲筆者「先具備深厚的傳統哲學智慧,有較高層次的批評學養,故其獲得,不同於胡適先生的片面認識。」「以孔子學說來印證杜氏哲學的基本觀點。」(第二十六頁)我旅居海外多年,在美國一向以執教西方哲學爲主。去歲回國講學,介紹西方思想和方法的時候，帶着一種清新的熱誠，很容易被國人誤認爲「崇洋媚外」或「數典忘祖」。柳教授不但不因我提倡杜威哲學而把「崇洋」的帽子加諸我的頭上，倒還稱許我具備深厚的傳統哲學智慧，然後才對杜威有較深的認識。我在出國前在中國哲學原典所下過的背誦和涵泳的苦功，只有極少數的師友們知道。我也從不向人誇耀熟讀中國要籍或自道爲學的辛酸。柳教授是去年返國時的新相識，竟能洞察筆者個人過去的經驗，的確是筆者在國內思想界的一大知音。筆者在感激之餘，寫這篇文來酬答柳教授，並饗國內讀者。

本人在寫「杜威哲學的重新認識」一文的時候，並沒有存心要把孔子和杜威比較。想不到柳教授竟根據筆者介紹的杜威，寫成「孔子與杜威」一篇洋洋大觀的文章來。柳教授主要的立場大概是：「孔子思想，經得起時空的考驗，不是杜威思想可以相比的。」（第二十八頁）筆者不想作孔子與杜威孰爲高下的論辯，也不能毫不思考地接受柳教授的觀點。（大抵柳教授也不欲筆者如此。）在這篇文章裏，筆者另建爐竈，把孔子和杜威略爲比較一下。

(二) 時代背景不同、思想動機各異

杜威氏出生的時候，美國國基已定，加以地大物博，人民都能安居樂業。杜氏生於美國東部一個小市鎮的小康的家庭，衣食無虞，很順利便讀完中學和大學。大學畢業後，敎了二年書，便很順利地進了約翰霍金斯（Johns Hopkins）大學的研究部，兩年便取得博士學位。那時美國

高等教育正在不斷擴張，拿到博士學位的，不愁在大學找不到一份教席。由於他的舊老師已當了密歇根大學的哲學系主任，杜氏很容易便被聘爲該校的講師。不久便移聘於芝加哥大學，兼該校哲教心理系系主任多年，並設立附屬實驗小學。其後，大抵和芝大校長意見不合，移聘紐約市哥倫比亞大學教育學院。由於哥大外國留學生極多，杜氏很容易由他的學生的傳播而獲得國際聲譽。在哥大退休後，他還過着優悠自得的學人生活，到處應聘發表演講。到了一九五二年，才以九十三歲的高齡辭世。

綜觀杜氏的一生，順境多於逆境。美國社會安定，國富民安，而在杜氏的後期，美國更一躍而成爲世界一等强國。可能因爲這緣故，杜氏的思想，處處表現積極和樂觀的色彩。至於文化的背景，更是得天獨厚。杜氏承受了德國唯心論、英國經驗論、近代科學的實驗精神，和美國人初期力行實踐的態度，融會貫通而成一家之言。他既不必爲文化淪亡的厄運而憂，也不必爲人心陷溺而懼，只管優哉悠哉的承受了西方哲學傳統的探究精神來對學術文化作檢討或批判。反觀我們孔子所處的時代，可眞是大大的不同呢！

孔子可說是「生不逢辰」，「命途多蹇」。從國運來說，這正是「周室衰」，「王綱墜」的時候。社會道德方面，禮敎淪亡，人心陷溺；臣弑其君，子弑其父，在在皆是。而孔子本人自幼便在困境中長大，所以他曾說：「吾少也賤，故多能鄙事。」（論語子罕篇）後來雖一度得位，本可以優悠自在過活。但面對着全面性快要崩潰淪亡的文化，怎可以袖手旁觀？爲了拯人心於陷溺，挽狂瀾於既倒，孔子不得不栖栖惶惶周遊列國，希冀把他個人挽救世道人心的藍圖付之於實現。他雖曾藉着「夾谷之會」和「墮三都」運動表現他超人的才智和向惡勢力挑戰的勇氣，可惜他始終找不着一個能和他合作的君主。在旅途中更接二連三地遭遇「受困於匡」和「在陳絕糧」的風險。由於目覩時艱，親歷險阻，孔子的思想孕育了憂文化、憂家國、憂禮教淪亡、憂人心陷溺的意識。這種憂患意識和挽救世道人心的使命感，絕不可能見之於誕生在太平盛世，一帆風順而獲得國際聲名的杜威氏的思想。杜氏的貢獻，專在哲學思想的鑽研和學術文化的檢討，既無「爲天地立心」之心，亦不必負「爲生民立命」之使命。他的思想好比陶淵明、謝靈運詠唱自然的詩篇，而孔子的意識，却像杜子美離亂後的情懷，其惻忍憂患之心，悲涼救世之情，宛如基督、釋迦擔負人類罪惡之意。唐君毅先生曾有言：「一家之慈父慈母，其情或只限于一家。一鄉之善士，其情或只限于一鄉。而文天祥史可法，即其情長在中華。孔子、釋迦、耶穌，則情在天下萬世。」（「人生之體驗續篇」第九十七頁。）杜威在美國歷史上的地位，可比美英國的休模和羅素或德國的康德和黑格爾，可是孔子却和基督、釋迦並列，其情長在千秋萬世，與日月合其明，永垂不朽！

（三）孔子重仁德的培養、杜威重反省的思考

孔子和杜威在思想上最大的分歧，可以說是對人性的基本看法完全不同。由於人性論的不

同，雙方所持的道德觀點亦迥然互異。這兩位聖哲（我們說孔子爲聖杜威爲哲似較合適）在人性論和道德觀的不同，亦足以反映中美文化精神的最大差異處。我們爲了說明二人人性論和道德觀的不同，也不妨從中美文化精神的最大差異處談起。

中國的文化和美國的文化都是一個很複雜的多面體，很不容易作簡單而客觀的描述。這裏作中美文化的比較，當然有筆者本人主觀的成分。筆者去國十八年，對祖國文化最感依依不捨的是國人的「人情味」。美國社會是人情的沙漠，人與人間的交道多半靠利害關係，工具性，或實際的需要來維繫。談到利害得失，朋友可以立即反目，父子可以終身沒有親情。一般世俗應酬，無非一套工具性的形式主義。人與人間的關係，談不上「水乳交融」或「相互感應」。由於對兩種文化親身體驗的結果，筆者於一九七四年在香港發表「『情』與中國文化」一文，闡露「情」在中國文化的地位及其現代意義，（原載「明報月刊」第一〇五期；在臺曾轉載於「幼獅」、「哲學與文化」，及「青年戰士報」。）（現收入作者「比較哲學與文化」，已由東大圖書公司出版。）孔子是中國文化的代表，自然對「情」非常重視。我相信讀者諸君都知道，孔子思想的中心觀念是「仁」。所謂「仁」，就是一種合乎禮義，發而中節的情感。這種情感與生俱來，但如何表達便有賴於後天的教育。「孝」便是子女對父母應有之情，弟是對兄弟儕輩應有之情。宰予提議廢三年之喪，孔子責他「不仁」，也就是責他對父母無情。柳教授「孔子與杜威」的大文中提出一個很有意義（從中國人的立場看很有意義）的問題：杜威既重視經驗，杜威所强調的基本原理，有沒有「孝弟」一類的經驗綱目呢？（第二十九頁）筆者給柳教授的答覆是，杜威是美國思想傳統的產兒，而美國是人情的沙漠，我們怎能盼望這沙漠長出人情的奇葩來呢？據筆者研究杜威哲學的心得，杜氏是不會反對孝道的（但他會反對愚孝的行爲）。但由於文化背景的差異，杜氏絕不會在他的倫理學中把「孝」列爲一項重要的德目。那麼，在杜氏的道德思想體系中，什麼是最基本的原理呢？我在「杜威哲學的重新認識」一文中已清楚地替杜氏說明：「倫理學以反省思考爲方法。」這怎麼說呢？在他和塔虎脫（Tuft）合著的「倫理學」一書中，他開宗明義地說明，道德有兩種，其一爲「禮俗的道德」（Customary Morality），其一爲「反省的道德」（Reflective Morality）。禮俗的道德，包括一切社會傳統民間習俗的道德信條。反省道德是指個人運用智慧對禮俗道德及當前環境作反省思考後所下的道德判斷。柳教授大文提出的問題，是問杜氏倫理學中有什麼基本綱目（像我國的孝、弟、忠、信之類）可以使千千萬萬，不知不覺而自動樂意力行的人去遵從。筆者現在替杜威氏給柳教授的答覆是，自動樂意毫無異議地遵守基本綱目是屬於「禮俗道德」的範圍，而杜氏倫理學的旨趣在發揚「反省道德」。在杜氏的教育理論中，沒有「先知先覺」、「後知後覺」，和「不知不覺」三者截然的劃分。他的教育立場是「人人皆可成覺者」，正如我們儒家所提倡的「人人皆可爲堯舜」一樣。是否人人皆成覺者便有待後天的教育。教育未普及的社會，「不知不覺」者自然比教育普及的社會數目爲多。杜氏的教育理想，是透過智慧（intelligence）的培養，而使每個人都成爲「能知能覺者」（即能反省思考者），而不是「盲目遵從者」。他對禮俗的看法，並不採取完全排斥或完全接受的態度。禮俗道德並非完全可取，也不是一無可取。不管它是「完全可取」或「一無可取」，我們應當作反省思考後才能肯定。反省思考的結果，可能放棄禮俗的信條，也可能由此而對禮俗的信條篤信奉行。這一個原則，在論語中有一段可以給杜氏說明引證：「麻冕，禮也；今也純，儉，吾從衆。拜下，禮也；今拜乎上，泰也；雖違衆，吾從下。」（子罕篇）這一段話告訴我們，孔子用反省思考（但這不是孔子思想核心）檢討禮俗，檢討的結果，有的當揚棄，有的當遵從。杜氏的理想正是如此。至於柳教授大文所追問的「人類眞的沒有『永恆的』或『放諸四海而皆準』的經驗嗎？」（第二十九頁）杜氏的答覆是，經驗是個別的，特殊的，但也有共通的性質。筆者在前文已經提及，這些通性爲上下層間之genetic-functional關係，以及quality, relation，及continuity三大範疇，至於「放諸四海而皆準」的眞理，杜氏因爲避免蹈絕對主義者之覆轍，避而不談。他認爲一切在世俗上（甚至科學）認爲「放諸四海而皆準」的眞理，我們也要經反省思考才好接受。反省思考的重點，視乎眞理對個別情境之配合而生指導行爲作用和收「己立立人」的實效。正如亞里士多德的「中道」及儒家的「權衡之道」（或稱「絜矩之道」）一樣。男女授受不親是「禮」，嫂溺援之以手是「權」。民主制度是政治的理想。但如何在臺灣實行是「權」。這是一種不拘執的態度。梁漱溟氏在「東西文化及其哲學」特別指出，不拘執而一任直覺，正是孔子思想的特色。孔子見父言慈，見子言孝，見君言惠，見臣言忠。我們把論語一書從頭翻到尾，也沒

遵循的。藝術不是沒有方法，但習藝術的方法往往以摹擬典型人物爲主，和科學機械式的按步就班遵循規則或步驟的方法不同。中國人的倫理生活，受藝術精神支配甚大。（見拙作「中國倫理的基本精神」，原登載於「新天地」第一卷第二期，現收入「比較哲學與文化」一。）這怎麼說呢？中國的倫理不重戒律，先秦儒家沒有像摩西十誡一樣的律令，後世儒家也沒有像佛教徒的煩瑣的戒律。主要的修養和學習方法是靠行爲的模仿。論語、孟子及其他先秦儒家典籍中常提及的堯、舜、禹、湯、「文、武，以及伯夷叔齊等，都是我們模仿的對象。「孝」的含義的一部份是我們要把父母作爲行爲模擬的對象。「父在觀其志，父沒觀其行。三年無改於父之道，可謂孝矣。」（學而）科學的方法大大不同，不着重典型人物的模仿，而着重定義、程序、公式，及先後次序的遵循。西方人的道德觀多多少少都受其影響，杜威氏的思想也不例外。柳教授大文批評杜氏有理想而無方法（第二十九頁），這似乎和事實剛相反。但柳教授的批評是根據筆者「杜威哲學的重新認識」一來作此論斷的。筆者前文對杜氏的方法論忽略了，並沒有盡介紹人之力，在這裏特別對柳教授致歉意，並在這裏補過。西方哲學界對杜氏的批評却是「有方法而無理想」。這是比較合乎事實的批評。但根據二十世紀西方哲學的一般大勢，這也不是不可辯解的。杜威氏的思想，沒有十九世紀歐洲理想主義的純對的理想，也沒有我國儒家相傳下來「爲天地立心，爲生民立命」的理想，原因非常複雜。第一、杜氏生在十九世紀下半期和二十世紀上半期，美國氣象昇平，人民安居樂業，所以在他的人格意識裏沒有救人救世的高遠理想。第二、杜氏所處時代的思潮，是歐洲理想主義沒落的時代，人們很少再相信黑格爾的「絕對」。第三、由於文化間的相互交流，一文化的理想，未必能放之於別的文化而皆準，而一般本來有文化自大狂的思想家，也慢慢自覺地學會了尊重別人文化的態度。生在這種環境下的思想家，是很難堅執著絕對理想的。杜氏不是不談理想，而是他學說的重心在方法而不在理想。在他的專門著述中，對方法的討論却很詳盡。像他的 The Public and its Problem 最後一章完全討論政治思想如何實踐的方法，占了全書六分之一的篇幅。其中「思維術」(How We Think) 和「邏輯」(Logic: The Theory of Inquiry) 兩書，都全是討論方法學的。因爲杜氏方法學系統龐大，在這裏實不能作簡單的介紹。晚近美國學者卡普倫 (Abraham Kaplan) 氏，著社會科學方法 The Conduct of Inquiry 一書，都是繼承杜氏方法學來發揮的。杜威儘管在近年受盡不少人的誤解和批評，但新進的美國思想家和學者還不斷採用他的學說（但不要他的名字），尤其是他有關方法論的見解。至於在他影響之下的教育是否成功，這和他的學說沒有必然性的關係。所謂「進步教育聯合會」的許多作爲，根本違反杜氏的哲學見解。若針對這些來評杜氏，便好像當年陳獨秀批評孔子提倡「婦女纏足」及「夫死不能改嫁」一樣。現在大陸全面赤化，孔子之道不能行，我們能據此來批評孔子學說本身有缺陷嗎？

毫無疑問地，在道德理想和意境的高遠方面，杜氏極難和我們的孔子相比。杜氏雖也承認道德生活在不斷的求臻於至善 (continuous process of perfecting 語見「哲學之改造」論道德章），但是他把道德當作一種硏究對象，而不作爲一種切身問題。所以讀杜氏的倫理學書，不能令我們精神有超越上升而向善之感。換句話說，杜氏倫理學只能給我們道德知識和理論，而不能給我們道德力量或精神境界。我們讀孟子讀到「居天下之廣居，立天下之正位，行天下之大道。得志，與民由之；不得志，獨行其道。富貴不能淫，貧賤不能移，威武不能屈：此之謂大丈夫。」這一段，好像在軍旅中吹起號角，奏起道德的進行曲來，使我們的精神向上提升，從而體會大丈夫人格的境界。但讀杜威氏的書，絕對不能獲得這種經驗。

那麼，讀孔子的書又如何呢？可惜的是，孔子遺下來的著作太少了。然而，他的偉大處，在他的人格，而不在他的論著。但論語一書，有不少是孔子自述經驗的話。其中一節，自述他個人道德生活歷程的幾重境界。他說：「吾十有五而志於學；三十而立；四十而不惑；五十而知天命；六十而耳順；七十而從心所欲不踰矩。」（爲政）從這幾重的道德境界來比較，美國大哲杜威氏似乎只到達孔子四十歲的境界。因爲反省思考只可以給我們做到解惑的功夫。「知天命」和「耳順」是杜氏罕談及的。而「從心所欲不踰矩」的境界，更非一般思想家可能高攀。在西哲當中，康德也曾提過這一重道德境界的可能性。但對康德而言，這只是邏輯上的可能。然而我們的孔子却親身證驗了。

不過，我們不可不知道，道德生活的境界是上達的功夫，是極少數人可以做得到的。正如藝術的境界一樣，古往今來的人作詩的很多，但能到達李白杜甫境界的恐怕沒有幾人。反省思考是下學的功夫，一般人縱使未達到很高的境界，但若獲得方法的訓練，總可以勉強循規蹈矩。其實，我們要向西方文化學習的，主要還是脚踏實地的下學功夫。這一點，筆者去年在「哲學與文化」發表的多篇文章中多已論及，在這裏不另作說明了。

（五）結論

本文列擧了孔子和杜威思想三個顯著的不同點。第一、由於時代背景不同，兩人創立理論的動機完全不一樣。孔子的動機是救人救世，爲天地立心，爲生民立命，是宗教主的動機。杜威的動機是在西方思想界建立更進步的形上學、方法論，和價値論，是思想家的動機。第二、由於文化背景不同，兩人的倫理觀也不一樣，孔子重仁德的孕育，杜威重反省思考的培養。仁德根源於情，思考却植基於理智，這也是中西文化的一個重要的對比。最後，孔子重道德境界的體會而杜威却重方法的訓練。兩者看似南轅北轍，其實一爲「上達」，一爲「下學」，相輔而行，互補不足，所以我們對他們思想上的不同也不要過份的强調和誇大。除此之外，我們更該認識兩位聖哲思想上相通的地方。在知識論方面，兩人都强調知行合一的重要性。在宇宙論方面，兩人都相信吾人所處的宇宙爲變易的宇宙，具有生生之德。在宗教方面，兩人都抱持一種人文的宗教觀，和基督教神學中之進步派頗有相通之處。在政治方面，兩位聖哲的立場都是和馬列主義勢不兩立的。

孔子的思想和馬列主義勢不兩立，實在不用我多說。近年來毛共大肆批孔，可能是一個極佳的明證。但杜威氏的反共理論却很少人注意到。筆者兩年前在「哲學與文化」刋登的「杜威和易經思想的革命觀」（吳怡教授中譯，現收入本作者「比較哲學與文化」）特別說明這一點，這裏不再重覆。不過，我們當知道，孔子和杜威反共的立場也有顯著的差異。孔子的基本學說是「情」（仁心），孔子不能容忍共黨，原因是共產黨人「不近人情」，不近人情便是違反人性。而杜威氏對共產黨人的批判是「違反理智」。從杜氏的觀點看，違反理智也就是違反人性。從這裏也可以反映這兩位中西大哲人性論的基本不同。

柳教授的大文已將孔子和杜威作詳盡的比較。筆者本文姑且作「狗尾續貂」來酬答柳教授的雅意。柳教授飽讀傳統要籍，精研 國父思想，其大文別有一番架構和創建。筆者的愛好，一向在比較文化和比較哲學，觀點和持論或和柳教授的不同。本文雖不算詳盡，但總算表達了一些自己的見解。還望柳教授和國內讀者諸君，多多不吝賜敎！

七、杜威思想與中國文化

(一) 前言

我們提到五四運動，自然提到胡適先生的名字。一提到胡適先生，便令我們想起他的老師約翰杜威（John Dewey）。中國人在學術上非常注重師承。我們提到段玉裁，自然想起戴震；提到黃季剛，自然想起章太炎；提到梁啓超，自然想起康有爲。所以我們提到胡先生而想起乃師杜威，絕對不是一件令人詫異的事。

不過，胡先生和杜威的關係，和上述戴、段、康、梁諸人的師生關係迥然有別。在他們六人當中，每一對師徒之間，都有很密切的師承關係。但胡先生和杜威的關係，是「有師而無承」。而且，胡先生的學風和爲人，和杜威的不但大異其趣，而且有大相逕庭而南轅北轍的傾向。可憐杜威不懂中文，任由胡適憑主觀的理解來介紹其說。胡適介紹乃師的著作既無英文譯本，杜威只好不聞不問。加以杜威桃李滿天下，一個在中國傑出的胡適，在他心目中也沒有什麼了不起之處。這一來，胡適打着杜威的旗號，而葫蘆裏賣的藥是胡適自己監製的，和杜威本來的藥方相差很遠。到頭來，胡適製成的藥，不能發揮治病的功能，胡氏藥廠的聲譽日降，而被胡氏捧爲藥祖師的杜威，也受盡我國學術界中人的詬罵。國人批評杜威思想的時候，杜威還活着。可憐他不懂中文，對謝幼偉、賀麟等人的抨擊，簡直無從答辯。而他的中國大弟子胡適，因爲對乃師學說懂得有限，對國人向杜威的胡亂批評，無力作有效的辯護。胡先生藉乃師學說成了大名，而杜威却因其徒而在我國聲名掃地。成敗恩怨之間，似乎也有一定的運數。

本文的作者生得晚，未能親自受業於杜威之門。但在研究所修過五門杜威的哲學，還寫了一篇有關杜威邏輯理論的博士論文，覺得杜威思想和我國傳統思想有極相近的地方，而且可以補我國思想文化的不足。可惜的是，胡適先生對這一點完全忽略了。究竟是他不了解他老師的思想呢？還是急於成名標奇立異，而曲解他老師的學說呢？胡先生已在九泉之下與乃師相會，我們「死生路斷」「幽明路隔」（唐君毅先生語），也無從追究。本文作者惟有藉着撰寫紀念五四的文章，重新介紹一下杜威思想於國人之前，爲胡先生補過，爲杜威申冤，並爲中西思想的交流，重新開闢一條路線。

（二）杜威生平簡介（註一）

杜威在一八五九年十月二十日誕生在美國東部活芒州（Vermont）名叫伯靈頓（Burlington）的小市鎭。先世是純樸的農家，後來他父親棄農習商，在伯鎭開一家小商店，家境並不富有。母親是一位頗爲保守而純樸的家庭主婦，對兒女管教甚嚴，不准飲酒、跳舞，和玩紙牌等娛樂。杜威天性純厚，對母親的嚴格管敎，唯命是從。在小學和中學念書這一段時期，實在沒有什麼可記的事。就讀大學初期，也不見得有什麼出人頭地之處。到了大學後期，對宇宙、人生、世情、政局，漸漸發生興趣，大抵那時他的哲學種子才開始萌芽吧。

一八七九年，杜威畢業於活芒大學（University of Vermont），但對自己的前途還沒有什麼定見。那時，他的志願只是當個中學敎師。可能因爲在大學成績平平的緣故，塡了許多申請表都落空，在家裏坐着等了七個月才獲得一份敎席，而且校長是他的表親。那家中學在賓州（Pennsylvania）的油城（Oil Ciy），規模極小，但敎學之餘，頗得閒暇。杜威一向沒有什麼嗜好，閒時便是看書寫作。一八八一年三四月間，寫成了一篇批評唯物論的論文。當時美國哲學界的哲學期刊只有「玄想哲學期刊」（The Journal of Speculative Philosophy）。杜威硬着頭皮投稿，寫了一封信給該刊主編哈里士（W. T. Harris）請敎，措辭極爲謙遜，同時表現對自己研習哲學還未有信心。結果出乎意料之外，哈里士錄取了杜威的論文，而且回信給了很大的鼓勵。在油城敎了兩年，杜威在伯靈頓故鄉附近一小鎭找到了敎席。敎學之餘，常常向活芒大學舊老師托雷（H. P. Torrey）請敎，繼續修習哲學。由於托雷的鼓勵，他決定進那時新辦的約翰霍金斯（Johns Hopkins）大學的研究所。不過他獎學金的申請兩度都沒有批准，只好向一位親戚私下借了五百元才得入學。在研究所讀了一年，成績大有表現，他於是再度申請獎學金。由於他沉默寡言，不好出風頭，霍金斯大學校長對他仍沒有信心，只好寫信到活芒大學那裏詢問。活芒大學校長來信，稱讚杜威人品敦厚，但可惜不够獨斷，這可能由於自信心不足的緣故。其實，這種「不獨斷」的精神，正是杜威思想的偉大處。後來他融攝各家的博大思想體系，都是從這精神發展而成。孔子說：「毋必，毋意，毋固，毋我。」杜威都一一做到了。可惜的是，他給人的印象是持論不够堅執，和我國胡適先生鋒芒畢露，立論斬釘截鐵而不怕過失的大膽作風，簡直不可同日而語。

獎學金終於申請成功。他再讀一年，完成了一篇論康德心理學的博士論文，便在霍金斯大學拿了博士學位。由於他老師穆里士（George Morris）的支持，在中西部（Midwest）密西根大學獲得講師的職位。他在密大教了整整十年（從一八八四到一八九四，其中一年到明尼蘇達Minnesota 大學當客座）。這是杜威生活安閒順適的一段時期。在學問方面對他進益最大的是和彌一氏（George Herbert Mead）的結識。彌一是著名的哲學家，又是社會心理學的權威。後來杜威的思想體系，有相當重要的部份是從彌一的學說吸收過來的。在個人生活方面，他和名門紀曼（Alice Chipman 1859-1927）小姐邂逅，終締良緣，於一八八六年七月二十八日舉行婚禮。他們一共生了六個孩子，其中兩個不幸早逝。

一八九四年是杜威生活和思想發展過程中很重要的一年。他離開了密大，到芝加哥大學任哲學、心理和教育系的系主任，並邀彌一前往任教。由於芝城多姿多采的社會環境，給杜威對社會實況和人生百態都有直接觀察和經歷的機會。他待人接物，尊賢容衆，沒有一點大教授的架子。

所以他的社交範圍很廣，包括當權政要，重商巨賈，販夫走卒，流氓盜匪。他對一般貧苦大衆有很大的同情心，從而慢慢形成他以教育和民主來救人救世的宏願。在學術方面，一九〇三年出版和研究生們合著的「邏輯理論研究」(Studies in Logical Theory)，博得全美哲學界的稱譽，一般學者稱這新理論爲「芝加哥學派」(Chicago School)，而以杜威爲此派的領導者。在教育方面，他創立了芝大附設實驗學校，作爲探究教育問題和實踐教育理想的場所，校務由他夫人紀曼女士主持，頗得學生家長擁戴。可惜後來因爲財務關係，芝大校長趁杜威遠行擅自作主將該校與其他單位合併。杜威大失所望，辭去芝大教職，轉任紐約市哥倫比亞大學哲學系及教育學院教授。那時是一九〇四年，杜威四十四歲。他在這裏一直教到一九三〇年退休爲止，前後凡二十六年，對哥大貢獻頗大。

杜威在哥大執敎的第二年，即被選爲全美哲學會會長。由於紐約市是國際文化交流的中心，而哥大是外國學生選擇學校的對象，杜威的桃李遍滿天下，他的國際聲譽也跟着扶搖直上。而那時也是他思想成熟階段，巨著連續出版。不少外國大學或政府當局都邀他前往講學或當教育顧問。一九一九年到日本訪問了幾個月，接着便到中國來，居留達二十六個月之久。演講詞達千餘頁，都由當時他的中國門生或特聘學者翻成中文。現在美國南伊州大學杜威研究中心正在設法將中文的演講詞還原到英文，一時恐難全部完成。除中國和日本外，他到過歐洲、南美，和俄羅斯。他對教育、經濟、政治、國際現世等經世之學都熱愛討論，而且都有獨特的見解。他不但對人情世事有超卓的見識，而本身也是個躬行實踐者。他曾一手創辦許多社會性或教育性的機構。像全美教師聯會(American Federation of Techers)，紐約教師工會(New York Teacher's Guild)和全美大學教授協會（American Association of University Professors），都是他發起和創辦的。他在哥大退休以後，除了繼續到處講學之外，還很熱心於社會工作和政治活動。一九三七年有名的托洛斯基（Leon Trotsky）在莫斯科蒙冤事件，國際發起調查團調查此事，調查團主席正是杜威。其時杜威已屆七十八高齡，往來奔跑南北美間，為申張正義而竭盡心力。羅素（Bertrand Russell）在哲學上是和杜威勢不兩立的，但羅素正當受聘於紐約市立大學而被行政當局最後否決的時候，杜威聯合多人提出抗議，為羅素呼冤。當俄國革命分子高爾基(Maxim Gorki)夫婦訪紐約的時候，沙皇的部下千方百計來難為高氏。高氏投宿旅館的時候，到處都被拒絕。那時，一般人都怕惹事生非，不敢收容他，或支持他，替他講話。只有杜威挺身而出，把自己的寓所奉獻出來給高氏夫婦居停。其實，杜威的寓所，一向都客似雲來，充滿着人間情味。在今日的美國社會，人與人間的關係，多只限於利害式或公務式的往來，毫無情味可言，杜威九泉有知，也當慨歎人心不古了。

由於兩個兒子夭逝及芝大實驗學校事件，杜夫人紀曼女士精神受了打擊，身體逐漸衰退，到了一九二七年在紐約患血管硬化症逝世，享年六十七歲。尚幸杜威兒孫滿膝，不愁沒人照顧。到了一九四六年，杜威以八十六歲的高齡，續娶了一位世交的女兒格蘭女士（Roberta Lowitz

Grant)，他們還收養了一子一女。在晚年的家中，還充滿着天倫樂和人情味。杜威一直活到九十二歲的高齡，在一九五二年六月一日在紐約第五路一一五八號的寓所，和家人安祥地告別，離開人間。

（三）杜威思想概述（註二）

許多人以爲杜威思想只不過是美國功利主義社會的產物，好證驗，主實效，尙功利，重方法，缺乏廣大的系統和深遠的理想，這都是極爲浮淺的看法。其實杜威繼承歐洲文化的統緒，受西方傳統哲學影響極深。他的思想，可以說是融貫歐洲傳統於美國開拓精神之中。Pragmatism 一詞，國人往往誤譯爲「實用主義」和「實驗主義」。其實這一字的語源來自希臘，有「實踐」和「行動」的意思。（Pragmatism 應翻作「實踐主義」）杜威熟習希臘哲學和德國的唯心論，受亞里士多德及黑格爾兩人影響極深。他的倫理學的不拘執、不武斷，和不偏激的態度，實在秉承亞里士多德的中道精神而來。至於黑格爾的玄學辯證，實在是杜威哲學的無形骨幹，到處都主宰着杜威的思維方式。所以他的哲學，常常都有迂廻曲折正反往復的一面，和英倫經驗派哲學家率直了當的態度很不相同。正因爲他的思想迂廻環繞、博大圓通，便很容易受浮淺之士斷章取義而誤解。本文作者在美國大學教杜威哲學（當然也敎其他的哲學）十餘年，覺得美國學生能了解他的也不多。（因爲美國青年持中者少，偏激者多。）而美國敎育學學者一般來說都沒有哲學頭腦，對杜威了解極爲膚淺。那些專研哲學的，又往往覺得杜威思想不够刺激；不能滿足他們的胃口。平心而論，杜威的學說，實不能完全代表美國精神，反而和我們的思想頗有接近之處。本文的主要目的，便是把這一事實揭示出來，使有志從事中西文化比較的人，多一條可走的路線。但本文篇幅有限，不能詳細闡述，只能提要勾元。好學之士，請讀杜威原著（見附錄書目）。只要有耐性，是不會入寶山空手回的。

杜威的形上學以經驗爲題材，知識論以行動爲骨幹，倫理學以反省爲方法，政治學以民主爲基石，宗教以人文爲立場，藝術以文化爲依歸，教育以生長化成爲理想。現在姑就這幾點發表一二研究心得。

形上學在西方哲學史源遠流長，無非以探討宇宙的實相或存在爲主。由於探討的方法和題材的不同，西方形上學史大抵可分三個時期。第一個時期以實體（Substance）爲對象，蘇格拉底以前的自然哲學家首開其端，壓柏拉圖、亞里士多德發揚光大，再經中世紀及近代哲學而理論漸趨繁複精密。但到休謨（David Hume）的懷疑論出，「實體」的存在無從在經驗獲得證明，頓時失去舊日冠冕堂皇的地位。第二個時期的形上學以「心體」(Mind) 爲探討對象，德國大哲康德爲創始人。康德爲了向休謨的懷疑論答辯，一切都用主體性來解說。這一來，我們要了解宇宙的林林總總現象，首先要了解主體性或心體的結構和本質。康德這一場哥白尼式的革命，開創了德國唯心論一派的哲學，而以黑格爾爲巔峯。但在二十世紀各種新科學和人類新經驗興起之後，唯心論遭受到無情的打擊和凌厲的挑戰。實在論、邏輯實證論、語言分析派，以至存在主義和實踐主義，都對這派學說作不留餘地的批評。其中邏輯實證論及一些語言分析派學者，更否定形上學的價值和地位。可是形上學在西方哲學史太根深蒂固了。因此，富於使命感的當代西方哲人，都從事重建形上學的艱巨工作。在英語界的哲人當中，應以懷德海及杜威爲代表。第三期的形上學，應從他們開始。形上學的對象，既不是「心」，也不是「物」，而是人類的「經驗」。「經驗」一詞，包括主體和客體間相互作用 (interaction) 歷程的一切，和希臘哲學中與理論對立的「經驗」含義不同，比英國經驗主義以感性資料爲主的狹義「經驗」要廣濶得多。根據杜威的解釋，「經驗」一概念包羅萬有，擧凡主體性的知覺、推理、感受、想像、憧憬、夢想，以及客體性山川田野、日月星辰，均屬我們的經驗範圍。「經驗」一詞，在杜威的哲學裏，包括所有主體客體及人類文化活動的全部。我們千萬不要以狹義的「經驗」來解釋他的經驗觀。

「經驗」一詞，既包括主體客體間的一切，我們要探討經驗的本質，究竟從何處下手呢？形上學的任務，便是要從博雜紛紜的人類經驗中，找出它的基本原理。杜威對經驗解釋的基本原理有三：其一爲，Quality，其一爲 Relation，其一爲 Continuity (極難有恰當中譯)。這三者是經驗所具的基本性質，也是我們藉以了解經驗的方式。吾人經驗中的一切，或人物，或事件，都可以透過這三者來了解。擧個粗淺的例子吧：譬如你想了解你的女朋友是一個什麼樣的人，首先要了解她的 Qualities：她有沒有具備孝順、溫柔、誠實、大方種種美德，還是忤逆、粗獷、虛僞等劣品性。其次，你要了解她和別人（以至於和事物、環境）的關係：她對父母怎樣？她父母對她又怎麼樣？她和她的兄弟姊妹相處的情形如何？她和其他朋友的交情又如何？再其次便是要看她個人的生活史：她少時的環境怎樣呢？在大家庭中長大呢？還是幼失怙恃呢？她現在的性格，和從前的經驗有那些是連續的呢？這只不過是一個顯淺的例子。哲學貴乎觸類旁通，學一反三，希望讀者諸君不要執着例子當作原理。

此外，還有一項輔助原理，是補充說明 Continuity 一概念的。杜威這一概念，帶有「生長」和「發展」的意味，和數學的連續性不同。在生長或發展的過程當中，比較高層的(Higher level of existence)一定由較低層 (Lower level of existence) 發展成。高層和低層之間，是連綿無間的。高層（即後來發展的層次，不必有價值意味）和低層之間，有一種雙重關係，可名之爲 Genetic-functional Relation。Genetic 的原義爲「發生」或「遺傳」，高低層之間有 genetic 的關係，意思是說，高層的形成，不是無中生有，而是從低層生長而發展成的。至於兩層次間的 functional relation，是指高層存在對低層存在的調整、改良、節制等作用。舉例來說，政治理想爲高層，政治活動或政治經驗爲低層。政治理想要不是空中樓閣的話，必當從實際的政治活動或經驗產生。理想形成後，它會發揮作用來指導經驗或改良經驗。這一項原理，雖然是形上學的，但杜威的形上學和他的知識論有很密切的關係，所以也是知識論的基本原理。

在杜威的哲學體系裏，「知」和「行」的關係正是 Genetic-functional 的關係。眞正的知，絕不是從「海市蜃樓」或「空中樓閣」產生的知，應該是從我們經驗或「行動」產生。這一關係就是 genetic 的關係。「知識」成立以後，應當發揮其功能來指導或計劃我們的行動，使我們的行動不致於盲從附和或淪爲本能衝動的奴隸。這便是「知」和「行」之間的 funtional 的關係。倘若有一種知識，吾人獲得之後對吾人生活行動完全不發生指導作用的，這不能稱爲眞知。由此看來，杜威的知識論正把握着「知行合一」的精神。可惜在前輩學者當中，除吳俊升先生外，沒有多少人能領略這一點（註三）。

杜威的倫理學繼承他「知行合一」的學說來發揮。在「道德生活原理」（Theory of Moral Life，本爲與 Tuft 合著之 Ethics 的一部分。近年門人後學特別抽出印單行本。）的第一章便把道德分爲「禮俗的道德」(Customary Morality)和「反省的道德」(Reflective Morality)兩種。「禮俗」是一個文化傳統及其社會約定俗成的產物，對社會中的個人有很大的約束力。禮俗形成之後，倘若社會生活和人民知識眼界一成不變的話，還可以繼續發揮對個人行爲的約束和指導作用。但社會的變遷，知識的進步，文化的分解和融合，在在要求我們對禮俗檢討的必要。孔子是好禮而守禮的人，也有時「從衆」而不從禮。一般人多數受禮俗的支配，不懂得去反省思考。杜威要呼籲，作爲一個現代人，我們的道德行爲是不能盲從附和的。我們要以智慧來反省，來作我們行爲的南針。這裏我要替杜威特別聲明的，禮俗的道德和反省的道德絕不是互不相容的。有時禮俗道德經反省之後當淘汰，有時經反省之後該保留或甚至該發揚光大。杜威的主張是，不管禮俗的道德是好是壞，我們不要盲從附和，我們要用我們的智慧因時制宜去鑑定是否可行。杜威絕不是主張推翻禮俗道德用理智來代替。理智的功能，在如何選擇適當的禮俗而使吾人在特殊的環境下來實踐罷了。若推翻一切禮俗，好比棄所有道路而不用。（語見「人性與行爲」(Human Nature and Conduct) 第一篇。）吾人若不走現成的道路而另闢蹊徑，可能一輩子也不能走路。理智的運用，是指導我們如何去選擇適當的道路從而順利到達目的地，而不是告訴我們要盡毁現成的道路。可惜當年介紹杜威思想，參與文化革命的學人們，都未能把握杜威哲學的眞諦！

國人中亦有以爲杜威沒有道德理想的，這都是對杜威學說未得全盤認識所致。子貢說：「夫子之文章，可得而聞也。夫子之言性與天道，不可得而聞也。」我們可以因孔子少談性和天道便說孔子對性和天道一點觀念都沒有麼？杜威要批評的，不是道德理想，而是和實際生活脫節，永不能實現的「道德幻想」。根據杜威的學說，道德理想和道德實際之間，當具有 Genetic-functional 的關係。這就是說道德理想當從道德經驗或道德生活培養孕育出來，然後道德理想再回頭來指導我們的道德行爲。道德理想屬「知」，道德生活屬「行」，惟有透過二者的 Genetic-functional 的關係，「知」和「行」才能合一起來。杜威的最高道德理想，正是我們思想界老生常談的「知行合一」，也就是「實踐主義」（請不要再翻作「實用主義」了！）精神的所在！

誰都知道，杜威是一位提倡民主的社會哲學家。可是，杜威所提倡的民主，並不是誰都懂得的學說。國人中不少以爲民主不過是「服從多數」的政體。要是多數人是平庸愚劣的話，我們也要服從他們，所以民主根本不是一種理想的政治方式。受治於一羣豬一般腦袋的人，倒不如由一個聰明能幹的獨裁者統治。對民主政治作這樣的解說，不是有意歪曲，便是對民主精神的了解太膚淺了。「民主」（Democracy）一詞，含義極多。根據杜威在 The Public and Its Problem（未見有中譯本）的解說，「民主」一詞有四種不同層次的含義，但四者是相輔而行，互補不足的。

民主最基本的意義是一種政府形式，由全體公民選出代表參與政事。一切政治上的決定，先採公開討論方式，然後由投票多數決定。政府機關的首長，有一定的任期。人民除選舉權外，還有彈劾和罷免的權利。民主的第二義是一種社會理想，是一種「民治」、「民有」、「民享」的大同世界。上述這兩種民主的意義，大抵具有政治學常識的人都懂得，但這卻不是杜威民主學說的核心。杜威所著重的，是民主的第三義和第四義。民主的第三義是一種方法。這個方法的特性，是公開討論和批評，從而促進學術、文化、社會，和政治的進步。換句話說，不參加公開討論或不肯接受批評的人便是反民主。但要實行這種方法，一定要全體人民都受過相當教育才能辦得到。因此，教育的普及實爲民主政治的先決條件。民主的最後理想，當然不限於一套方法，也不僅是「民治、民有、民享」的一個空洞的概念。因此，杜威認爲民主的終極意義（第四義）是一種共同生活方式。在這種共同生活方式之下，各人參與共同的政治社會生活，互相交換經驗意見以求社會文化的進步。在這種民主生活方式之下，每一個個體的生命，都能從互相感應而達到應有的發展。這正是孔子的理想社會——「己欲立而立人，己欲達而達人。」孔子若生在今天，可能會稱讚杜威「善紹其說」呢！

不過，我們千萬不要忘記，理論和實踐之間，是一種 Genetic-functional 的關係。那麼政治理論必須根據政治社會實情而產生，而政治理論也要發揮其指導政治活動的實踐功能。馬克思的政治理論是根據十九世紀歐洲工業社會背景來建立的主張，中共囫圇吞棗，移花接木地拿過來處理我們的社會和政治問題，縱使馬克思學說如何高妙，也不可能在我國國土發展其功能的。同理，民主學說產自歐美尚自由、愛平等、高倡個人獨立的社會背景，若要能在我國社會產生指導作用，在實踐上也是不很容易的事。由此看來，當年杜威的中國弟子們，隨便主張倣效西方或美國，這都是由於他們對理論和實踐間 Genetic 和 functional 的關係懵然無知。換句話說，他們根本便不懂得杜威的哲學思想。

杜威的宗教哲學亦有自己獨特之見，著有 A Common Faith 一小書，僅八十餘頁，但對美國當代基督教神學頗有影響。杜威此書實根據其自己的形上學立論，認爲宗教經驗和非宗教經驗之間有 continuity。宗教經驗實由普通日常經驗孳生，而宗教經驗產生之後可以使我們的日常經驗更有價值，更有意義。這實在就是 Genetic-functional 原理的運用。杜威的宗教學說最精彩的地方是「宗教」(a religion) 和「宗教性」(the religions) 的區分，前者爲一實體

(substance)，後者爲一德性（quality）。宗教生活最主要的是培養宗教德性（如虔敬心等），而不在乎參加教會。宗教之重要性不在教會儀式及教條的繁文縟節，而在於能使我們精神向上的功能。若宗教失此功能，則無價值。所謂「上帝」觀念，實代表一切價值之最高統一，亦爲吾人從現實到達理想之動力。杜威宗教哲學的主旨在將宗教現代化，理性化，和人間化，使其符合現代知識和生活的理想，從而使宗教能在現代發揮其指導人類精神生活的功能。一般人以爲杜威反宗教，也是很大的誤解。

當杜威以「科學方法」及「社會哲學」名於世的時候，不少學者譏他缺乏藝術方面的哲學。因爲杜威一向給人的印象是沒有才華，缺乏文藝的修養。杜威亦可能知道這一點，於是潛心於紐約藝術館多年，一方面多多欣賞和體驗，一方面從自己的形上學（即「經驗」的理論）作對藝術經驗的探討，著成 Art as Experience 一書，出版的時候，哲學界爲之震驚，不再認爲杜威缺乏藝術修養。John Hospers（分析派傑出學者）譽此書爲美國哲學界美學中最佳之作。此書承「經驗與自然」（Experience and Nature）的形上系統，特重藝術和文化經驗間 Genetic-functional 之關聯性。對藝術的重要概念均有獨到見解，在文藝批評方面，亦有一家之言。

杜威在教育哲學方面著作最多，而受別人誤解最多的也是在這方面。許多人認爲美國「進步教育協會」和「兒童中心教育」是杜威哲學的產物，其實這些都和杜氏思想有很大距離的。杜威批評「成人中心」教育，但也不讚許所謂「兒童中心」說。杜威的主張是成人幫助兒童培養反省思考的能力，從而達到自我改造經驗，自我實現的目的。杜威從來沒有提倡「放任主義」的教育。當然舊式的施壓力强使兒童服從的教育方式，一向都是杜氏批評的對象。杜威的教育學說可以說是「生長化成」說。教育的任務是使兒童獲得充份的身心發展從而化成民主社會的好公民。

杜威哲學，博大精微，以上所述，實在不及十分之一或百分之一。但作者自信能把握杜威思想精神，重新把他向我國人介紹。但筆者要特別說明，讀者千萬不要以爲讀了本文便是讀了杜威哲學。筆者所介紹的，只是杜威哲學的基本精神。至於杜威哲學的血肉，骨幹，和五臟六腑，有志習杜威哲學的讀者，一定要從原典裏去找尋的。

（四）杜威思想和中國文化

作者在上一節已把杜威思想簡略地介紹。本節的目的在把杜威思想和中國文化精神作一比較，同時就「他山之石可以攻玉」的觀點，來討論杜威思想可能對我們的貢獻在什麼地方。就作者個人研究體會所得，杜威思想和我國文化精神有六項極爲相契之處，茲列擧如下：

①宗教人文化
②經驗藝術化
③持中平衡的態度
④知行合一的宏揚

⑤個人主義的批判

⑥生命宇宙的提倡

宗教人文化：自從十九世紀尼采提倡「神已死去」的論調，基督教的傳統信仰開始動搖。但西方人的道德生活和人生理想都靠宗教維繫。倘若沒有了宗教，他們的人生便好比無舵之舟，放乎中流，不知其所止。二十世紀的宗教家和思想家有鑒於此，紛紛建立新的理論，以冀挽狂瀾於既倒。其中宗教人文化便是今天西方宗教思想最有力的新趨勢，杜威便是這思想運動主要領導人物之一。所謂宗教人文化，便是宗教的一切，舉凡信仰、教條、活動、儀式、福音的傳播、聖經的解說，都以人的價值和理想作依歸。宗教經驗（如禱告、崇拜等）是人生經驗的一部分，和其他各方面的經驗（如道德經驗、藝術經驗，以至於日常經驗）相連續而成人生經驗的整體。所謂「神」或「上帝」，並不是舊日傳統中高據天堂寶座，神通廣大，呼風喚雨，賞善罰惡的權威者，而是人生一切價值的最高理想。若沒有宗教，人的價值不能統一起來，便不能達到安心立命的境界。從杜威人文思想的立場，宗教仍然是我們所必需的。我國的傳統宗教思想，從上古便以人文爲本。所謂「愼終追遠」，是愼「人」的終，追「人」的遠。易經上所說的「窮理盡性以至於命」，便是追求人生最高理想和價值的統一，從而心靈獲得安頓。用杜威的宗教語言來說，這便是對上帝的追慕企求。儒學是不是宗教，中西學者聚訟紛紜，迄無定論。從本文作者的立場去看，杜威「宗教」（a religion）和「宗教性」（the religions）的區分正合我們對儒家的解說。儒家不是一個傳統方式的宗教（像佛教和基督教），但具有濃厚的宗教性而能發揮統一價值而指導人生的功能。論語告訴我們：「子不語：怪、力、亂、神。」「未能事人，焉能事鬼。」「未知生，焉知死。」孔子的宗教思想，一切以人文爲依歸。要是孔子生在今世，一定會稱許杜威「善紹其學」而歎國人子弟反不如彼了。

經驗藝術化：正確地說，這個標題應該是：「經驗藝術化，藝術經驗化。」杜威在「藝術即經驗」（Art as Experience）一書，開頭便批評藝術館或博物院中的藝術。藝術館裏陳設着一大堆古董，是沒有生命的，沒有生活意義的，因爲它們和當時的經驗脫了節。現代的人只看見前人的製成品，而對製成品背後活生生的人生經驗一無所知。因此，杜氏認爲當代藝術哲學最主要的問題是如何把一個文化的藝術品和該文化的經驗統整起來，使我們從欣賞藝術而對該文化的了解更深刻，又能從對該文化的了解而更能欣賞其藝術品。換句話說，杜威藝術哲學的最大特點，是强調藝術品和文化經驗的統一性。這一點可以從他的一貫主張 Genetic 和 functional 的原理來解說。藝術起自人生，起自平常經驗，然後給予人生更豐富的價值，給予平常經驗更深刻的意義。換句話說，杜威主張「人生藝術化，藝術人生化。」其實，這兩句話，是我們文化生活向來遵守的格言。中國人的生命情調，是極富藝術意味的。中國人的日常生活內容，像寫字、烹飪、刺繡、陶瓷、園藝，以至於詩、酒、琴、棋，清江垂釣，或飲宴行樂，都充滿藝術的情調。詩歌本是一種很專門的藝術（廣義的藝術含文學），但由於舊日社會「唐詩三百首」是家傳戶誦的讀物，「詩鐘」便成爲一般受過教育的人餐聚飲宴的娛樂。可是在美國的情況便不一樣了。作者在美洲遍遊名山大川，極少見到有詩人的壁上題詩（可能塗損公物要受法律處分），也極少見到什麼牌坊上有匾額對聯之類，其他的藝術品也少之又少。回想少時在五羊城到郊區遊覽，越秀山，五層樓，白雲峯，西樵洞，天然勝境和藝術文物打成一遍。二十多年前在香港旅行新界青山，登臨其上，驀見牌坊聳立，兩旁有岑學呂先生的聯句：「韓碑屹立，杯渡依然，過客偶題新甲子；唐代羈縻，宋王行在，老僧能說舊山川。」讀後臨風感慨，至今記憶猶新，可見藝術對人心靈的沁透力了。總之，在中國的文化環境裏，無處不是藝術。這正是杜威「藝術和人生合一」理想的實現。奇怪的是，杜威生長在美國工商業的社會，生活不見得有什麼藝術情味，怎麼會發展「藝術生活合一」的理論呢？難道這是居留中國兩年受中國文化影響的結果嗎？也許是他不滿意美國文化而發出改革的呼聲吧！

持中平衡的態度：我們研究西方哲學史，常常發現思想上的紛爭，從古希臘到現代都沒有停息。在初期希臘哲學便有「變」與「恆」之爭和「一」與「多」的對立，中世紀又有唯名論和唯實論之爭，而神學家們也爭論着神的意志和智慧孰先，人的信仰和理性孰重等問題。及至近世，又有科學和宗教的對立，理性和經驗的抗衡，機械論和自由意志學說的爭辯。到了現代，思想上的紛爭無時或已。唯物論的和唯心論的有不共戴天之仇，而存在主義與分析學派又勢不兩立。當然在西方思想史也有哲人是持中平衡的，像柏拉圖、亞里士多德、康德等都是。在二十世紀西方哲學，能博採衆說而成一家之言的可能只有懷德海和杜威二人，兩人都屬於圓融無礙、兼收並蓄、平衡持中的典型，但兩人的秉賦又有很大的分別。懷德海哲學像天馬行空，兼收並蓄之後飛到天上去，和中國人的心態還是有點距離。杜威的便不同了。他的爲學宗旨，可以說是：「萬法歸宗，獨尊實踐。」他的實踐精神，留待下一節討論。這裏要強調的是他的持中而不執一端的精神。他對唯物論有所批評，但對唯心論也不滿意。他對康德頗有微詞，但對邊沁和穆勒的功利思想也不接受。他對科學固然持欣賞的態度，但對科學中人所持的價值中立主義頗不以爲然。他對傳統教育頗多非議，但對進步主義教育也有不少批評。由於杜威不執一端，杜威的思想極難用簡單的方式介紹出來。

我國文化精神也是持中平衡的。這一點當以儒家作代表。孔子的因時制宜，毋必毋意，毋固毋我的態度，正是隨機應變，持中平衡的最高妙的運用。中國思想史極少高潮起伏，波濤澎湃的鬪爭，原因是中國思想家多多少少都有一種尊賢容衆，從善如流的態度（當然也有少數的例外）。絕不像西方思想家堅執己見，力斥他人爲非的作風。杜威的持中平衡，博納衆說，大抵是西方思想界的例外。正因爲如此，一般西方的學者未必能了解他，欣賞他，同情他。但我國思想界也未能欣賞他，而且鄙視他，恨他，原因是最初介紹他進中土的人是偏激之士，只執一端，把杜威打扮成一個像專門破壞傳統的鬪士。這一來，衞道之士紛紛向他抨擊，給他唾罵，我們也失去向他請敎的機會了。後來，國人竟歡迎了一位偏激的思想家進中土，衞道之士無能爲力了。最後的結局是神州陸沉，山河變色！

知行合一的宏揚：「知行合一」這個題目，是杜威哲學的中心，也是我國思想史一個重要的里程碑。奇怪的是沒有一個中國學人從事兩者的比較研究。當杜威思想被介紹進中土的時候，國人注意力的集中點在「實用」兩字，把 Pragmatism 常翻作「實用主義」（間作「實驗主義」，也不正確）。那些淺學之士和不讀洋文的人只好望文生義，以爲杜威哲學不外「重功利」、「尙實效」、「主驗證」。本文作者曾將杜威兩本最重要的著作「經驗與自然」（Experience and Nature）和「邏輯」（Logic: The Theory of Inquiry）兩書（均未有中譯）從頭到尾精讀數遍，並沒有發現什麼重實效、實用，或功利的主張。而「知行合一」的題旨，貫通整個思想體系。上文已經說過，Pragmatism 語源希臘，本義爲「行動」或「實踐」，國人何以不察，誤譯此字達六十年之久？作者在這裏特別向中國學術界請願，不要再把杜威哲學叫「實用主義」了。要是在六十年前五四運動我們便以「實踐主義」一名稱了解杜威，今日思想界的局面當不致如此（註四）。孔子說：「名不正，則言不順；言不順，則事不成；事不成，則禮樂不興；禮樂不興，則刑罰不中；刑罰不中，則民無所措手足。」一名之誤，不但構成了哲學史上的「寃獄」，而且令我們思想界的人「無所措手足」，貽害了我們文化建設的前途。害莫大於浮淺，愼之！愼之！

在中國哲學界的前輩中，也不是完全沒有人知道杜威「知行合一」理論的。賀麟先生「當代中國哲學」最後一章論知行問題的時候曾提及杜威「穩定性的追求」（Quest for Certainty）

一書以「知行合一」作題旨。不過，根據本文作者的觀察，賀先生似乎未曾精讀過杜威的著作，而且太喜歡從道統立場或唯心論的觀點來貶抑杜威思想的價值(註五)。根據作者所知，在中國(甚至在美國)思想界，從來沒有一個人能把握着 Genetic 和 Functional 的原理來闡發杜威知行合一的理論，這是作者研究杜威思想的一點小心得，貢獻於國人之前。我們若能把握這一點原理，便很容易發現杜威的全部哲學都是以「知行合一」爲骨幹的了。

知行問題在我國思想界占極重要地位。從傳說開其端，歷孔孟、程朱、陸王，以至現代的孫中山及蔣中正兩先生，都對這問題發表了不少深知睿見。在當代思想界中，尤以孫蔣二公貢獻爲大。可惜國人研習知行理論，只曉得閉門造車，對西方思想家在這方面的貢獻，不屑一顧。及至建立了龐大「知行合一」體系的杜威被介紹進來的時候，國人掩住了良心，閉上了眼睛，把「功利」「實用」的帽子戴到杜威的頭上去，一筆抹殺了他思想的價値。這是杜威的損失呢？還是我們思想界文化界的損失呢？

個人主義的批評：我國人對杜威最大的誤解便是以爲他代表一般美國人的思想。其實他的思想往往是從批評美國一般人思想出發的。個人主義是美國文化的獨特產兒，杜威却專門批評個人主義。美國的個人主義有正反兩面，正面是個人的自由(Individual freedom)，反面是個人的獨立性(Independence or self-reliance)。美國人在法律上所享有的個人自由，大抵居全世界之冠。除了憲法上規定的信仰自由，通訊自由，居住遷徙自由等等，還有所謂 Privacy (意爲「個人秘密」或「私有」，極難中譯）的自由。根據加州現行法律，兩成年人共居一室，雙方情願下發生任何方式的性關係，法律無權干涉。任何政府機關，商業機構，或學校檔案有關個人的資料，若不是得事人本人的許可，不能將那人的資料向外洩露。往往父母到大學註册組調查兒子成績遭受「擋駕」的。因爲兒子滿了十八歲，是獨立的個體，享有本人資料受法律保護的自由。這一來，一個成年的兒女，遠離家鄉，流落別州，犯案纍纍而身繫牢獄，做父母的可能還在五里霧中呢！從另一方面來看，個人主義鼓勵個人獨立精神。美國的家庭和學校自始便注重個人獨立性的培養。兒童自幼卽獨睡於自己的小房間，佔有自己的小天地，父母進房間也要敲門請准。他們年紀稍長便力謀經濟獨立，許多就讀中學時已自給自足，不必倚賴父母。到了大學階段，可能從家裏搬出來自營居室，享有無人干涉的自由。這種個人主義，流行影響所及，造成道德的主觀化和相對化。

杜威是民本主義（以人民共同生活爲本）的哲學家，自始便向道德的主觀主義和相對主義挑戰。在他早期的「人性與行爲」（Human Nature and Conduct）一書的首篇，便極力排斥道德的主觀論和相對論，特別强調道德的社會性及公共性。這一點正是切中美國人思想的弊端而發的。在他的其他著作中，尤其是「個人主義的今昔」（Individualism Old and New）一書，更嚴厲批評在美國流行的個人主義。其實，我們若能把握杜威形上學的基本原理，我們便不難了解他爲什麼不容許個人主義了。根據他的形上學，我們對任何存在、人物、事件的了解，都要扣緊三大範疇：Quality, Relation, Continuity。所謂個人，離不開他的德性，他和別人的關係，和他的生活史。我們的實際經驗告訴我們，「個人」絕對不是孤立絕緣的個體，而是倫理的個人，德性的個人，以及在創造中生生不已的個人。試問，當你要了解一個人的時候，要是你對他和別人的關係不聞不問，你怎麼能了解這個人？杜威承受了亞里士多德「人是社會動物」的古訓，認爲離開羣體，個人便無意義。所謂個人，實在是一種關係的組織體（a network of relations）而已。這個看法，實在和我們的傳統倫理觀不謀而合。兩者最大的不同點，是我們重尊卑長幼之分，杜威着重平等互惠的分享精神罷了。

生命宇宙的提倡：一九〇九年，杜威在哥倫比亞大學的一篇演講詞中，曾批評西方傳統的宇宙觀把宇宙看作一不變的實體，而忽略了它的變易性和生長發展的過程（註六）。由於受黑格爾和達爾文的影響，杜威認爲我們的宇宙是生生不息的進化歷程。這個宇宙觀和我們易經的宇宙原理不謀而合。易經的作者們從自然的事物，如行雲，流水，晝夜相繼，四季交替的現象中，體認到宇宙的實體是變的。所以易傳說：「道有變動。」（大傳下第十）不過，自然界的變化不是純粹機械性的變化，而是有機體的生長和發展的歷程。所以易傳又說：「生生之謂易。」（大傳上第五）這個「生」，便是宇宙之大德。（大傳下第一）我們也許要問，變化和生長是怎樣造成的呢？這如何可能呢？易經的作者告訴我們，這由於兩種宇宙的原動力——「乾」「坤」或「陰」「陽」的交感作用，而這兩種動力是內在於任何事物之中的。杜威亦認爲生長全賴交感作用（interaction）。一個個體的成長，全憑它和他人及自然環境相互作用所使然。由此可見杜威的宇宙觀，實和我國古代易經的宇宙觀很接近。對於兩者的比較研究，本文作者另有其他撰述（註七），在這裏不作重複了。

以上所列舉的，是我國傳統思想和杜威哲學不謀而合的地方。那麼，兩者之間又有什麼不同之處呢？我們若要極盡分析之能事，是可以列舉很多項目的。本文受篇幅所限，只好提要勾元略述。要比較杜威思想和我們傳統思想相異之處，我們還是以儒家作我們的代表。在這裏，作者特別舉兩點來說明：第一、在道德修養方面，我們重仁德的培養，杜威重反省思考的訓練。第二、我們的文化重理想，重境界，杜威却特別注重實踐的方法。

第一點的差別反映中西文化基本精神的不同。西方文化主理性，我們的文化重人情。孔子學說中心觀念是「仁」。所謂「仁」，是一種合乎禮義，發而中節的情感。情感與生俱來，但如何發展，如何表達，便有賴後天的敎育。孔子維護三年之喪，是基於我們對父母的愛心（情）來立論。孟子闢墨家薄喪的論調，也是根據人子之情來出發。「孝」是子女對父母之情，「弟」是對兄弟儕輩之情，「忠」是對君國長上之情。「禮」是表達情感的適當方式；「義」是情感表達恰到好處的分際。由此可知，我們儒家的倫理思想實在以「情」爲基礎。反觀杜威的倫理學說，我們從未發現他對人情有所頌揚，也沒有什麼以情爲基本的道德理論。他的道德哲學，以反省思考來做骨幹。他提倡的道德行爲是「反省道德」。反省道德是經知性活動深思熟慮後所決定的選擇。這是對理性的重視，和我們的重情感倫理有很大的距離。表面看來是各走極端，其實兩者正好是相輔而行互補不足的。

第二點的差別也反映中西文化基本精神的差異。中國文化的基本精神形態是藝術型。藝術型的文化重價值，重理想，重境界。西方文化的基本形態是科學型。科學型的文化重方法，重規律，重按步就班、循序漸進。我國先哲的學說，許多都是有理想有抱負而境界甚高的，但往往因爲沒有治學的途徑和方法，理想和境界變成了高不可攀的空中樓閣。擧個例子來說吧，張橫渠先生的名言理想高了，抱負大了。他說：「爲天地立心，爲生民立命，爲往聖繼絕學，爲萬世開太平。」一般研習宋明理學的人大抵對這幾句名言傾心折服，甚至於焚香頂禮。但假如碰上了專門提倡反省思考的方法的杜威，他一定要問：天地之心是什麼？爲天地立心是不是可能？要是可能的話，如何可能？「立命」一詞究竟何所指？爲生民立命有何意義？如何可能？「往聖」是誰？「絕學」是什麼東西？爲往聖繼絕學有何意義？如何可能？爲萬世開太平又如何可能？有那些先決條件？這些問題，可能是張橫渠先生從來沒有想過的。這些都是反省思考活動的產物。我們的思想傳統正缺乏了反省思考的訓練，正好借助杜威哲學來補救。我們的文化縱有崇高的理想，但缺乏了拾級而登的途徑，理想的崇高也是徒然。由此看來，我們實在有向西方文化學習的必要。杜威的方法論，正好是我們學習的對象。可是，杜威被介紹進中土已六十年了，我們曾虛心地向他學習了什麼呢？

（五）結論

作者在本文把杜威思想簡單扼要地重新介紹一遍，並把他的哲學精神和我國的文化思想形態作一比較。也許有些讀者以爲作者要把杜威再度捧起來，作爲我們思想界學習的對象。作者不敢有這個奢望，原因有二：第一、作者雖然自信對杜威思想能把握要領，但要把杜威在中國思想界的名譽起死回生，自信回天乏力。原因是我國學術界中人對杜威偏見太深了。本年初正當本文在撰寫的時候，筆者讀臺北某報登載一位思想界老前輩的演講詞，在批評美國對華政策的時候，竟把杜威也拖出來大罵一番，把杜威當作美國一般人思想的代表。作者眞懷疑這位老前輩是否精讀過杜威的重要著作，是否對美國文化有深切的了解。由此可知，中國學術界對杜威的偏見已到了「病入膏肓」的階段。我們要把杜威思想重燃，縱使不是「緣木求魚」，也許要「事倍功半」。第二、作者認爲把外來思想用零沽的方式介紹入中國思想界的時代也應該過去了。現在應該是建立自己思想的時候，徒然把精力用在介紹外來文化會躭誤我們思想文化建設的路程。從五四運動至今已六十寒暑了，我們絕對不能走五四的舊路，引介外邦的英雄豪傑闖進我們的大門來興風作浪。我們應當開創新的時代，培養孕育能適應當今世界的一套自己的思想。在過去數十年中，也有些老前輩從事建設我們自己思想的工作，可惜他們的成就還未足以振奮我們的思想去應付這瞬息萬變此起彼伏的當代世界。這一個巨大的責任，還落在年輕一輩的學人和有志的大學同學們的身上。朋友們，任重而道遠，文化爲己任，讓我們互相勉勵吧！

那麼，作者寫這篇文章的意義究竟在那裏呢？乾脆爽快，直截了當的答案就是：記取一個歷史的教訓。這個教訓的意義在那裏呢？作者曾記得一位清代大儒說過：「害莫大於浮淺。」胡適先生那一輩把杜威哲學「浮淺」地介紹進來。由於「浮淺」的了解，理論站不住脚，引起了衞道之士的憤怒，無情地向杜威迎頭痛擊。然而，衞道之士也是「浮淺」得驚人，他們並不向杜威原著作深入的探究，他們也不追究所介紹進來的杜威思想，是胡氏工廠的仿製品，還是哥倫比亞大學的原裝貨式。這一來，「浮淺」對「浮淺」，惹起了不必要的思想論戰，錯過了向「他山」學習的良機，延誤了我們自己思想文化建設的途程！

最後，本文作者希望從事中西文化思想交流工作的學者們，不要再蹈「浮淺」的覆轍了。同時，希望革新之士不要「崇洋媚外」，衞道之士不要「閉門造車」。當大學教授的，切勿毫無根據地謾罵和批評。做大學生的，對教授在講堂上謾罵批評的對象也該深究一番。我們應該向歷史考據學者的精神學習；「無徵不信」，「存疑勿論」。我們的「浮淺」學風若不矯正過來，休想從事思想和文化的建設了！

附錄：杜威著作選要

美國南伊州大學（本文作者得博士學位之大學）計劃編纂杜威全書，共三十大册，其數與百科全書等量齊觀，可見杜威著作之豐富。現爲方便中國讀者，選取最重要者列下。作者在「杜威哲學的重新認識」一文有「杜氏著作導讀」一節，請參閱。

1982-98

(1) *The Early Works of John Dewey*. Carbondale, Southern Illinois University Press, 1967, 1967, 1969, 1971, 1972, 5 vols.

1900

(2) *The School and Society*. Chicago, University of Chicago Press, 129 pp. (Rev. ed. 1915, Paperback, Phoenix Books, 1956).

(3) *The Child and the Curriculum*. Chicago,University of Chicago Press, 40 pp. (Paperback, Phoenix Books, 1956)·

1910

(4) *How we Think*. Boston, D. C. Heath and Co., 224 pp. (Rev. ed. 1933).

(5) *The Influence of Darwin and Other Essays on Contemporary Thought* New York, Henry Holt and Co., 309 pp. (Paperback, Midland Books, 1965).

1916

(6) *Democracy and Education*. New York, Macmillan Co., 434 pp. (Macmillan

Paperbacks, 1961)

(7) *Essays in Experimental Logic.* Chicago, University of Chicago press, 444 pp. (Paperback, Dover Books, n. d.).

1917

(8) "The Need for a Recovery of Philosophy," in *Creative Intelligence, Essays in the Pragmatic Attitude.* New York, Henry Holt and Co., pp. 3-69.

1920

(9) *Reconstruction in Philosophy.* New York, Henry Holt and Co., 234 pp. (Paperback, enlarged edition, Beacon Press, 1957).

1922

(10) *Human Nature and Conduct.* New York, Henry Holt and Co., 336 pp. (Modern Library edition, 1930).

1925

(11) *Exprience and Nature.* Chicago, Open Court Publishing Co., 443 pp. (Rev. ed., New York, W. W. Norton and Co., 1929). (Paperback, Dover Books, 1958).

1927

(12) *The Public and its Problems.* New York, Henry Holt and Co., 224 pp. (Paperback, Allan Swallow, 1957).

1929

(13) Joseph Ratner, ed., *Characters and Events: Popular Essays in Social and Political Philosophy.* New York, Henry Holt and Co., 2 vols.

(14) *The Quest for Certainty.* New York, Minton, Balch and Co., 318 pp. (Paperback, Capricorn Books, 1960).

1930

(15) *Individualism old and New,* New York, Minton, Balch and Co., 171 pp. (Paperback, Caporicorn Book, 1962).

1931

(16) *Philosophy and Civilization.* New York, Minton, Balch and Co., 334 pp. (Paperback, Capricorn Books, 1963).

1932

(17) John Dewey and James H. Tufts, *Ethics* (Revised Edition) New York,

Henry Holt and Co., 528 pp.

1934

(18) *Art as Experience.* New York, Minton, Balch and Co., 355 pp. (Paperback, Capricorn Books,1959).

(19) *A Common Faith.* New Haven, Yale University Press, 87 pp. (Paperback, Yale, 1960).

1935

(20) *Liberalism and Social Action.* New York, G. P. Putnam's Sons, 93 pp. (Paperback, Capricorn Books, 1963).

1938

(21) *Logic: The Theory of Inquiry.* New York, Henry Holt and Co., 546 pp.

(22) *Experience and Education.* New York. Macmillan Co., 116 pp. (Paperback, Collier Books, 1963).

1939

(23) Joseph Ratner, ed. *Intelligence in the Modern World: John Dewey's Philosophy.* New York, Modern Library, 1,077 pp.

(24) *Freedom and Culture.* New York, G. P. Putnam's Sons, 176 pp. (Paperback, Capricorn Books, 1963).

(25) *Theory of Valuation.* Chicago, University of Chicago Press, 67 pp. (Published originally in the *International Encyclopedia of Unified Science,* Vol. II, No. 4).

(26) "Experience, Knowledge and Value: A Rejoinder," in Paul Arthur Schilpp, ed., *The Philosophy of John Dewey.* Evanston, Northwestern University Preess, pp. 517-608.

1946

(27) *Problems of Men.* New York, Philosophical Library, 424 pp.

1949

(28) John Dewey and Arthur F. Bentley, *Knowing and Known.* Boston, Beacon Press, 334 pp. (Paperback).

註　釋

註一　「杜威生平簡介」一節，作者的參考資料主要為下列兩種：

①Richard J. Bernstein, *John Dewey* (New York: Washington Square Press, Inc.,

1967), pp. 23-43.

②Jane Dewey, ed.,"Biography of John Dewey," in Paul Arthur Schilpp, ed., *The Philosophy of John Dewey* (New York: Tudor Publishing Co., 1939), pp. 3-45.

註二 「杜威思想概述」一節，根據拙文「杜威哲學的重新認識」一文增删而成。此文收入拙著「比較哲學與文化」，臺北東大圖書公司印行。

註三 據作者所知，吳俊升先生可能爲中國思想界唯一瞭解杜威哲學精神的學者。他的「杜威的知識論」一文（收入他譯杜著「自由與文化」的附錄）頗能發揮杜威知行合一的眞諦。本文作者在杜威爲我思想界口誅筆伐而名譽掃地之時仍有勇氣到美國研習杜威哲學，實受吳俊升先生鼓勵極大，在此特別向吳先生致敬意。可惜吳先生生得比胡適先生晚些，而且他的爲學旨趣並不集中於宏揚杜威學說，所以他重新介紹杜威的著作也不能改正國人對杜威的誤解了。

註四 在這裏作者特別要提出，杜威著作中常有對馬克思主義作中肯的批評。如杜威思想大行於我國，共產主義可能沒有機會。有關杜威對馬克思批評，請參閱拙著「比較哲學與文化」第一二二至一二三頁。

註五 賀麟「當代中國哲學」一書，對國內思想學者之評論，大都根據原著。惟對美國實踐主義（Pragmatism）的批評（賀著五〇——五二頁），則浮詞滿紙。看來賀氏未讀原著而輕率評論。至其論知行部分（七八頁），謂王陽明學說較有邏輯，杜威則心理成分較多。看來是有意貶抑杜威了。

註六 John Dewey, *The Influence of Darwin on Philosophy and Other Essays in Contemporary Thought* (New York: Henry Holt and Company, 1910) p. 1.

註七 請參閱拙作「比較哲學與文化」以下三文：

易經和杜威思想的革命觀

易經和杜威的因果論

從美國哲學看易經的宇宙觀

八、孝道的時代意義

(一)緒言

『萬惡淫爲首，百行孝爲先』這句格言，在我國傳統社會裏實在有極大支配人心的力量。據說從前犯了姦淫的，鄉中父老制裁的辦法，是要把姦夫淫婦綑綁起來，放在豬籠子裏，投進河裏活活的淹死。從現在的眼光來看，這是一種野蠻而「違反人權」的刑罰。法治的社會，要經過審判、證供，甚或覆審，重審才能定讞。在今日的中國社會，姦淫已不再是死刑的罪狀了。在今日的歐美和香港，非夫婦的男女關係，逐漸司空見慣，不必大驚小怪。港臺兩地的旅社、酒店、飯店之類，都有「時租」和「休息」的特別優待，似乎它們要同心協力來革「萬惡淫爲首」的命。

那麼「百行孝爲先」的命運又如何呢？根據筆者的觀察，「萬惡淫爲首」的道德影響力，可能在歐風美雨及社會學和心理學的批判下，已到了「强弩之末」，但「百行孝爲先」似乎還能經得起時代的考驗。我在去歲返國門未久的時候，不少友人告訴我關於大學女生當應召女郎的事，

要解答這問題，一定要討論中國文化的特質。筆者雖然在過去發表過好幾篇文章論及中國文化的特性，但為了本文讀者的了解，不得不概括地重覆解釋一下。一般來說，西洋文化有三大支柱：科學、法律，和宗教；中國文化有兩大基石：藝術（含文學）和倫理。這不是說西方沒有藝術、倫理，也不是說我們完全沒有科學、法律，和宗教。這不過是構成文化要素的顯性和隱性的問題。顯性的要素，玲瓏浮凸的表現出來，有時甚至還支配該文化的任何一角落。中國文化的藝術性，確實可以從我們文化經驗的各層看得出來。藝術的特性是靠直覺，用具體意象傳達，靈活圓通，不大理會嚴格的規律（與科學相對比較而言），着重對典型作品的鑑賞，而「模仿」是初學者必須遵循的方法。我國文化包羅着極豐富的藝術經驗，舉凡烹飪、刺繡、寫字（書法）、剪紙、舞龍、武術、猜謎語、打詩鐘等等，都是我們民間藝術的範圍。「駕駛汽車」本來是西洋文化的產兒，是一種科學。駕駛者要遵守許多規律，在機件（如方向盤、剎掣、燈號等）的操作（operation）方面，也要依照一定的規律。可是，這種東西傳到我國人的手裏，立刻「藝術化」起來。我去年返抵國門，對臺北汽車駕駛員的「藝術」讚歎不已。他們的駕駛，大抵是服膺文心雕龍「文無定法，神而明之」的格言。他們不必遵守規律，但「矯若游龍」、「疾如鷹隼」、「靜如處子」、「動如脫兎」，像庖丁的解牛，王小玉的說書，而「車禍率」却要比美國大城市的低得多。另外一種「藝術化」的文化經驗是醫學，醫學在西方是一種科學，但在我國却是一種藝術。（這指中醫而言，不是指西醫在中國。）傳統的中醫，既無儀器測量實證，也不用詳細的個案分析。憑着「超越」的直覺，國醫的大夫能用三個指頭洞察病人的內部實相。但經驗告訴我們，不少西醫屢醫不效的病人，經國醫診治霍然而癒。但國醫不是百發百中的，因爲它是藝術，不是科學。在藝術的領域裏，只有出類拔萃的才能到達「神而明之」的境界。在詩歌的世界，只有一個李白，一個杜甫，不少天分低的，苦吟了一輩子，也不過是打油詩的作家而已。

中國文化是藝術的文化，已是無可否認的事實。那麼，「孝」和藝術性的文化有什麼關係或淵源呢？科學的文化，以「理性」主宰一切，藝術的文化，却以「情」爲基礎。筆者生長在人情味極濃的社會裏，活了二十幾年，一朝負笈留學，遠渡重洋，到了地大物博、自由民主的美國，美國的物質富有，公認爲全世界之冠，但人情淡薄，和我國傳統相比，實在有天淵之別。筆者居留在情感的沙漠中十餘年，無時不對中國的人情味留戀。因此在一九七四年訪問中文大學的講演，即以『「情」與中國文化』爲題，抒發一己的感受。本文不準備重複那講演的話題，而扣緊「孝」一概念和「情」的關係。那麼，「孝」和「情」的關係是什麼呢？

假如讀者喜歡「單刀直入」、「開門見山」的答案，我的答案便是：「『孝』是『情』的特殊化。」「情」有普遍的一面，也有特殊的一面。「普遍」和「特殊」也不過是相對的名詞，所以特殊化也有程度上的差異。「情」是人類一種與生俱來的本性，因爲特殊化的方向不同，便產生不同的「情」。羅曼蒂克的「情」和悲天憫人的「情」大大不同，兄弟手足之「情」和憂國憂民之「情」也顯然有別。「情」雖然與生俱來，但一定要經過「交感」和「孕育」的過程才能具體化。這個具體化的歷程也就是特殊化的歷程。所謂「孝」，便是人出生以後，透過和父母的交感作用慢慢培養成對父母的敬意和愛心，這實在是人類生活一種很自然的現象，不過中國文化特別對之有意珍惜而發揚光大而已。

那麼，「孝」這種「情」是不是值得珍惜和發揚光大呢？從現代社會學、心理學，尤其是教育學的觀點來看，答案是肯定的。我國社會人類學者許烺光先生曾指出，中美社會一個顯著的不同點，在美國注重個人的獨立性，而我國則注重人與人間的互相依存。個人獨立固然是值得培養的德性，但過份着重這點德性很容易造成個人「孤」立的社會現象。由於個人的「孤立」，西方文化近數十年產生了所謂「疏離」（英文 alienation，「疏離」二字既不順耳，又不貼切，但筆者才低，未能提出更好譯名，盼高明碩學之士合作。）的問題。爲解決這個問題，西方超越性的宗教難有所成，物質的追求也徒然增加這問題的嚴重性。看來最可靠的解決方案，是人與人之間的感情的孕育和培養。換句話說，要解決「疏離」問題，一定要提倡情感教育。學校裏的情感教育，可以透過文學和藝術的欣賞來施行。但文學和藝術的欣賞只是比較靜態的一面，動態的情感教育，是要教兒童如何孝順父母，友愛兄弟姊妹。有子說：「孝弟也者，其爲仁之本歟！」（論語學而）這卽是說，孝弟的培養，便是情感教育的基礎。

筆者還隱約地記得一位中學國文老師曾引用過一句古語：「求忠臣必於孝子之門。」現在中國已不是君主政體，但這句話似乎還有一點時代意義。這怎樣說呢？這句話實在可以代表教育心理學所謂「學習遷移」(transfer of learning) 的原理。教導兒童孝順父母，便是培養兒童對父母有愛心，對父母有愛心的人，可以把愛心遷移去愛別的對象。筆者在這裏把握機會，給正在擇偶的青年朋友一點忠告：「要找一個能愛你的伴侶，一定要找一個愛他（她）自己父母的人。」倘若一個人對父母沒有愛心，他是否懂得愛妻子或丈夫是很成疑問的。

我這裏所談的「愛」，不是指普通的「喜愛」或男女之間的「戀愛」。這裏所指的「愛」，是英文 care或 concern 的含義，是一種關懷、顧念、憂心，及切身處地之情。「多溫而夏凊，昏定而晨省。」「父母在，不遠遊，遊必有方。」（禮記曲禮）都是對父母關懷和眷顧的具體表現。

從上文的討論，我們的結論是很顯然的了。我們縱然生活在科學和民主的二十世紀，提倡孝道實在還有很大的意義。孝道和科學民主是沒有互相矛盾的。不但孝道和科學民主可以並行不悖，而且可以互補不足而建設未來更完善的文化。而且，提倡孝道的價值，是可以從社會學、心理學，和教育學找得着理論根據的，希望讀者不要以爲老生常談的舊觀念必定沒有時代的意義。

（三）論語「其父攘羊」章理惑

批評孝道的人，往往認爲顧全孝道許多時會犧牲更高的理想，從而產生因私而害公的流弊。論語的「其父攘羊」章成了批評者衆矢之的。我們要討論「孝道」，絕不能忽視這一章所引起的問題。這一章的原文是：

葉公語孔子曰：「吾黨有直躬者，其父攘羊，而子證之。」孔子曰：「吾黨之直者異於是，父為子隱，子為父隱，直在其中矣。」（論語子路）

批評孔子的大都以為孔子以親情為重，國法為輕。有些人甚至會批評孔子鼓勵犯法：不惜為了父子私情而違反國家法律。關於這一點批評，衞道派的學者似乎還沒有很好的答辯。而對孔子作批評的，對這一章書似乎還沒有弄個清楚。所以我們還有討論分析的餘地。

首先，我們要弄清楚，孔子所說的「父為子隱，子為父隱」並不是對問題的答案。這裏葉公並不是對孔子發問，而孔子並不是對葉公所問（根本葉公無所問）而表達自己的答案。論語有「顏淵問仁」和「樊遲問仁」等章，孔子都給予問者非常明晰的答案。顏淵問仁時，孔子答以「克己復禮」；樊遲問仁時，孔子答以「愛人」。「克己復禮」和「愛人」，都可以代表孔子的積極主張。但「其父攘羊」章的對話，和「顏淵問仁」、「樊遲問仁」等章有很大的區別。這章書並不是記載「葉公問直躬」。葉公既無所問，孔子亦無所答。倘若我們用了解「顏淵問仁」和「樊遲問仁」的方式去讀「其父攘羊」章，以為孔子主張「父子相隱其惡便是直躬」，便可能距離孔子的原意很遠了。

那麼，我們對孔子這幾句話應當怎樣解釋呢？

要了解孔子話中的含義，首先要了解葉公的話。葉公並不是要向孔子請教，而是給孔子報導一件事實。要報導一件事實，當然也有目的。葉公絕不希望孔子聽完了他的話，一言不發，毫無反應。要聽取孔子對這事的反應，是葉公作這報導最起碼的目的。孔子說的話，是對葉公所報導的事實作立刻的回應。從孔子的答話中，我們看出，孔子對葉公所用的「直」字（或「直躬」兩字）反應爲最强烈。孔子的答語表面像是描述句，事實上是下價值判斷。孔子答語的要旨，不是在描寫他自己鄉黨的「直躬者」，而是表示不贊成葉公稱那頂證父親偷羊的兒子爲「直躬」。「吾黨之直者異於是」實在相當於今日的習用英文句：This is not our way. 這個英文句子，表面是描述句，其實是一個價値判斷，相當於：we do not approve this或we do not agree。孔子向葉公提出的異議，就是不同意葉公稱這頂證父罪的兒子爲「直躬」。因爲孔子學說的中心是仁，仁是一種人情。這個證父攘羊兒子的心理，有兩個可能。第一個可能是他根本對他父親一點父子之情都沒有。第二個可能是他本來對他父親有情，但爲了別的目的，不惜犧牲父親來「逆情干譽」。對父親無情的兒子，是孔子學說不會嘉許的。對「逆情干譽」的兒子？更爲孔子所不容。也許有人認爲還有第三可能——大義滅親——犧牲父親以顧全法律上的正義。但這很難說得通，因爲父親攘羊，作爲兒子的去頂證，「滅親」是滅了，但所得的無「大義」可言。由此看來，這個是非常不近人情的兒子。這樣不近人情的兒子，我們還可以稱他爲「直躬」嗎？孔子的答案，主要就是反對葉公用「直躬」兩字來稱呼證父攘羊的兒子。

那麼，「父爲子隱，子爲父隱，直在其中矣」又應當作什麼解釋呢？是不是孔子敍述他鄉黨中的「直躬」都是「父子相隱」的呢？要是我們認爲這句話是敍述句的話，我們便要問，孔子的「吾黨」究竟指那兒？山東曲阜嗎？還是周遊列國時臨時寄居的鄉黨呢？孔子和葉公會面時，早已離開曲阜，至於暫時寄居的鄉黨，孔子的觀察，不可能到用歸納法下結論的地步。據筆者個人的看法，孔子答語的末句，不能解作敍述句。那麼我們是否可以解作規範（normative）句呢？若解作規範句，我們的結論逃不了孔子認爲「父子相隱才算『直躬』」。但從語氣方面分析，「父爲子隱，子爲父隱，直在其中矣」絕不能算是給「直躬」或「直」字下規範性的定義。孔子下規範性的定義，在論語記載的着實不少，顯著的例子像：「克己復禮爲仁。」「仁者其言也訒。」「仁者愛人。」「君子不器。」「君子喻於義，小人喻於利。」「直在其中矣」一句沒有上述例子的那麼斬釘截鐵地肯定自己的主張。孔子若主張父子互相隱才算直躬，他應該說：「夫直躬者，父爲子隱，子爲父隱也。」他也可以說：「父子相隱爲直。」現在論語的記載，顯然地孔子不是明確地肯定他的主張。這一來我們不可以認爲孔子提倡「父爲子隱，子爲父隱。」那麼，「父爲子隱，子爲父隱，直在其中矣」數語，在這一章書中有什麼正面性或積極性的意義呢？

筆者對本章所引發的問題，數經思考。在美國開中國哲學課時，洋學子必不放過這一章。經過多次討論和反省之後，筆者已漸漸形成對這章書自己一家的註釋。洋學者和洋學子都認爲合理而接受。現在把這一點小心得奉獻於國內學術界之前，還希望深思飽學及觀察敏銳的讀者們多多賜正。

第一：「吾黨之直者異於是」是孔子對葉公稱證父攘羊兒子爲「直躬」的一個溫和的抗議。葉公是一個有官階的人，又不是孔門的弟子，孔子是不可以用叱責弟子的語氣來對待的。我們試想想，假若對話者是子路，而不是葉公，孔子會怎麼說？他可能劈頭便說：「由！非也。證父攘羊，惡得爲直乎？」孔子對葉公既要用溫和的方式，自然語意含蓄而非斬釘截鐵地提出他的主張。「吾黨之直者異於是」實在不是敍述句或描寫句。孔子並不是報告葉公有關山東曲阜的鄉黨道德標準，而是告訴葉公，「證父攘羊爲直躬」的道德標準並不是到處都被接受的。孔子說這句話的目的，是用暗示法使葉公反省自己的價值判斷。這種異議的方式在今日口語還很流行。「我們家鄉沒有這一套」，可以暗示我們對對方提出的一套並不衷心接受。英語界也有這種提示性的異議方式，通常是：This is not our way或This is not my way。

第二，「父爲子隱，子爲父隱，直在其中矣」在孔子答語中，並不是用來提出積極主張的。這句話的主要功用，是在加强第一句的力量。孔子爲了溫柔敦厚之旨，在第一句用含蓄的提示的方式。但孔子對葉公的價值判斷非常不贊同，是毫無疑問的。孔子爲了再加重自己的「不贊同」，自然要再補充一兩句。後面那一句話，實在用以補足第一句的對葉公價值判斷的抗議，指出「證父攘羊爲直躬」不是人人接受的標準。末句的用意，在補充這一點。它的意思大概是：『你說「證父攘羊」便是「直」，我們的標準可不同啊？「父爲子隱、子爲父隱」的人們，他們何嘗沒有「直」在其中的呢！』換句話說，孔子答語的末句，也是用暗示法，目的在批評葉公的價值判斷，而不在直接發表自己的主張。

筆者上述的解說，絕不是有意替孔子「自圓其說」，使孔子保持無懈可擊的聖人地位。上面的解釋，是筆者研究語意學的成果和對論語該章直接感受（語文上的感受）所得的結論。我從來沒有强我的學生跟從我的解釋。能欣賞我的「新解」的讀者，本人衷心致謝。那些反對我的讀者，只要其反對出自至誠和求眞的精神，本人也表示敬意。

（四）二十四孝故事的荒謬性辯解

上文已經說過，孝的培養是情感教育的基礎。那麼，我們應當透過什麼方式來培養兒童的孝心呢？在教育方法進步的今日，我們可以利用電影、電視、音樂，和文學作教育的手段。其中成本最低而收效大的是編纂動人的孝的故事。

編纂孝的故事似乎是我們傳統社會提倡孝道的主要方式。流傳民間多年的「二十四孝故事」在臺灣還可以找到許多不同的版本。但這些故事是不是可以像從前一樣可以發揮其教育功能呢？在今日的社會，兒童讀完了二十四孝故事，是不是可以增進他們的孝心呢？以今日一般人的知識水準來看，「二十四孝故事」許多都和神話無異。大舜事父至孝，「天」也被感動了。一大批象受了「天」的差遣來替他耕田，這是可以相信的事嗎？王祥爲了母親要吃鯉魚，焦急非常。那時天寒地凍，河流都結了冰，一流技術的漁夫，恐怕也有心無力。可是，王祥爲了孝親心切，脫光了衣服，投身到冰河裏去。說也奇怪，王祥臥在冰河裏，竟然沒有冷死。過了些時，河裏的冰塊裂開，跳出一尾大鯉魚來。王祥的孝心，終於獲得上天的賞賜。「哭竹生筍」的故事，也表現類似的神蹟。若從科學的角度去看，抱着竹子哭泣怎麼會和竹筍的生長有因果的關係呢？從現代人的眼光去看，「二十四孝故事」，簡直荒誕離奇，那裏可以發揮教育的功能呢？

要了解「二十四孝故事」的荒謬性，首先要了解我們自己的立場。我們批評「二十四孝故事」所根據的立場，是二十世紀最進步的文化，也就是受科學影響極深的文化。這種文化特別注重事物的邏輯性 (logical nature) 和事實性 (factuality)。從這個角度去看，「二十四孝故事」當然是荒誕無稽的了。可是，我國整個文化傳統，是藝術性的文化。藝術的文化和科學的文化迥然有別，前文已有解說。這裏筆者要特別強調的是，藝術的題材不必爲經驗界的眞實。我們不必追究狄更斯雙城記 (A Tale of Two Cities) 中的 Sidney Carton 是否眞有其人，我們也不必問紅樓夢中茫茫大士空空道人究竟是誰，因爲藝術的內容是可以虛構的。偉大的文學作品往往是高度想像力的產兒。文學、藝術的作品並不是人類經驗界的實錄。中國的文化是藝術的文化，因而充滿道德敎訓的「二十四孝故事」藝術色彩也非常濃厚。因爲這個緣故，「臥冰求鯉」、「哭竹生筍」、「戲彩娛親」、「聞雷泣墓」等故事的主角不必實有其人。科學所追尋的爲眞 (truth)，藝術及道德所追求的是價值 (value)。一個虛構的故事也可以闡露一些價值觀念。「臥冰求鯉」、「哭竹生筍」等故事，從科學或邏輯的角度去看，可能跡近荒誕。但我們絕不能否認這些故事闡露價值觀念的職能。對價值觀念容易感受或具有藝術氣質的讀者，「二十四孝故事」仍然具有深長意義的。可惜的是，在今日的中國社會，這種讀者實在太少了。

西方文化也有類似我們的難題，就是如何解釋新舊約中記載神蹟（廣義而言）的故事。一個處女能生孩子是科學極難解釋的，五餅二魚能餵飽數千人眞是不可思議。在現代神學發展之前，對這些故事，只有聽之於信仰而不疑。二十世紀大神學家田立克（Paul Tillich），爲了要闡述基督敎義理給現代的讀者，創立了一套新的宗敎哲學。根據田氏的說法，一切宗敎語言（religious language），包括新舊約的故事，都是象徵性（symbolic）的。我們讀聖經的時候，不能執着表面的字句，而是透過字裏行間來把握後面的深意。舉例來說，舊約記載亞當夏娃吃了禁果之後，被上帝逐出樂園，從此人便有了「原罪」。所謂「原罪」，就是象徵人性的墮落，其實所指的是一種「自我疏離」（self-alienation）。田立克氏的新宗敎觀賦予宗敎一種新的生命，使宗敎能在二十世紀知識的新潮之下依然負擔着心靈敎育的使命。我們提倡中國文化的，大可以向田氏借鏡。

不過，「二十四孝故事」不是聖經，而是達到提倡孝道的一種敎育手段。除了這些民間故事，在文學上實在還有不少以孝爲題的作品，像白居易的「詠燕詩」，李密的「陳情表」，歸有光的「先妣事略」，蔣仕銓的「鳴機夜課圖記」，以至於謝婉瑩的「寄小讀者」，都可以作爲給兒童培養孝心的良好讀物。現代的兒童知性比較發達，對「二十四孝故事」的感受力比不上他們的上一代了。我們要將孝的時代意義教育我們的下一代，一定要重新編訂一些比較現代化的故事。

（五）餘論

我們在上文已經肯定了孝和中國文化的關係及其時代意義。但在今日各種文化和思潮互相激盪的世界，提倡一個古老的觀念眞不容易。筆者認爲在提倡孝道之先，有幾點一定要弄明白的。

第一，科學和孝道絕無衝突。反之，科學的進步更能使我們容易達到孝的道德理想。近十年美國心理學界發展「老人心理學」一門學科，這門學科實在有助於孝道的實踐。我們只知孝的理想而不懂得孝的「方法」是無補於事的，對父母的心理若不了解實不足以「善事父母」。「他山之石，可以攻玉。」希望維護道統的同寅打開中國文化城堡的大門，歡迎能幫助我們實現傳統道德理想的西洋科技！

第二，從前提倡的孝道是「單程」的。父母可以將子女隨意處理，賣掉甚至吃掉都可以。做子女的要無條件地服從才能算得孝順。「君要臣死，臣不得不死；父要子亡，子不得不亡。」「天下無不是的父母。」這些迂腐世襲的俗見，既非基於「孝經」，亦非源於「論」「孟」，是孝道的糟粕而不是孝道的菁華，我們要將之澄清淘汰。孔子教我們「事父母以幾諫」，並沒有主張絕對服從。而他的名言「君君，臣臣，父父，子子。」更明顯地說出做父親的要守父道，不是可以對子女任意處理的。「父慈子孝」這句話雖然只寥寥四字，但一語道破了孝道的「雙程」的特性。

第三，提倡孝道，絕不是幾個哲學家或教育家寫幾篇文章，定幾項教條便可以達成理想的。這是全國人的使命。孝心的培養當在童年，當在家庭的環境裏。孝是一種情感，情感的發生是在人與人交感（interaction）的歷程之下才能產生的。做哲學家的只能作理論建設，做教育家的只能略爲改善教育環境。（例如編訂孝的故事，利用電視音樂提倡孝道等等。）擔負實行的任務，落在每一個國民的肩膀上。若得全體國民通力合作，那麼「孝遠乎哉？我欲孝，斯孝至矣！」

本文所討論的，只不過拉雜成章。筆者對「孝」一題材，只不過有一點直接的感受，從未下過功夫鑽研。在先輩前賢當中，對「孝的哲學」下功夫最深的當推謝師幼偉。筆者本文所論，遠不及謝師的詳盡而有系統。去歲返抵國門，謝師溘然長逝。緬懷夙昔，追思謝師生前提倡孝道的貢獻，所以有本文的撰作。本文以現代文化眼光來肯定孝的價值，瑕瑜得失之處，還望讀者們多多賜教。

九、中國語文改革的檢討

中國文化在近百年來遭受前所未有的厄運，作爲中國文化支柱的中國語文，當然也難逃空前的刧數。語文改革的呼聲、建議、方案，和推行，占了中國現代史上極重要的一頁。革新派人士認爲中國文字是進步的障礙，極力提倡漢字簡化，進而主張用拼音代替文字。衞道派人士認爲這樣做法無異把中國文化全盤毁滅，究竟誰是誰非，實在不容易有簡單的答案。這兩派人士所持的觀點，都可以說是持之有故、言之成理的，但其中意氣之爭和價值偏執亦恐在所難免。本文主旨在把這語文改革的問題作全盤性及多面性的分析。分析的結果，也許能提示中國語文未來的出路。

要評論語文改革問題，一定先要檢討中國語文的本身，尤其是檢討中國語文對中國文化、教育，及社會各方面的影響。我們要問，中國語文原來的性質，是不是不宜於對科學知識的傳播，從而對科學的發展產生障礙呢？中國語文是不是只適宜於表達情意而不適宜於作理性思考呢？中國語文的艱深，尤其是漢字形體的繁複，是不是造成文盲的主要原因呢？中國語文本身，是不是教育普及運動的障礙物呢？中國方言的駁雜分歧，是否會造成不同方言地區的人民互相歧視呢？方言的分歧，是否會影響政府機關的行政效率呢？這裏提出的一連串問題，分別代表中國語文和科學、教育、社會，及政治的關係，以下我們逐項詳細討論。

首先我們要討論的是中國語文和中國社會的關係。中國境內方言分歧錯雜，同一省境內也往往有數十種方言的。語言是傳播消息和表達情意的主要工具，方言的分歧自然影響人民的團結。「同聲相應」和「同氣相求」是人類羣性的通則。「同聲」可以說是語言的同一，「同氣」可以說是風俗習慣和價值觀念的一致。風俗習慣和價值觀念的溝通，實在有賴於相同的語文，語文若不統一，自然產生很多社會問題。在中國國境內所產生的社會問題不消說了，僑居海外的中國人，也往往因語言上的歧異造成情意上的隔閡。在本作者留學美國初期的時候，曾經和一位來自臺灣的同學一同到紐約的中國餐館找暑期工作。由於本作者是廣東人，沒有費什麼力量便找着了。但作者的朋友是北方籍，不懂粵語，沒有一家中國餐館雇用他。在美國許多較大的大學裏，中國同學會可能是最不團結的一個學生團體，原因是「香港派」和「臺灣幫」水火不相容。當香港同學當選爲會長及其他職員的時候，臺灣的同學不參加任何活動。當臺灣同學當權的時候，香港的同學也自然偃旗息鼓，對任何活動不予合作。「港臺」的對立，事實上就是語言分歧造成的現象。香港的同學多不懂國語，臺灣的留學生也不會廣東話。一九六三年，作者的友人陳君（現爲美國某大學數學敎授）當選爲密蘇里大學中國同學會會長。陳君雖然是廣東人，但自幼在江浙地區長大，說得一口流利國語。他當會長期內，全校中國留學生，無分省籍，團結一致，打破了「香港派」和「臺灣幫」對峙的傳統，這不能不歸功於他精通南北語言的貢獻。

方言的分歧在舊日中國社會常常產生行政管理上的困難。由於受敎育的人不多，大部份的民衆不識文字，政府的通告無從看得懂，許多官方的命令要靠衙門使者到里巷高聲宣布。要是衙門使者所用的語言和當地方言不一致的時候，民衆可能不知所云，或因誤解而無所措手足。在執法方面，也因方言的歧異而產生困難。據說從前大陸有一宗審案的趣聞，疑犯不懂官話，但見女檢察官來勢洶洶力數他的罪狀，而法官在上頭端詳地靜聽，以爲那女檢察官是法官的太太。輪到他答辯的時候，他伏在地上叩頭向法官求饒說：「大爺啊！不要聽太太的話，饒了我吧！」這當然是由於他對法律的無知，但語言上的隔閡，造成「人民無所措手足」，却是不容否認的事實。

其次我們要討論的，是中國語文和敎育的關係。革新派人士認爲中國文字是造成文盲的主因，也是普及敎育的障礙物，所以要把中國文字簡化，甚至用拼音來代替。其實文盲現象造成的原因異常複雜，有政治情況，社會背景，經濟條件，敎育制度，和敎學方法等各方面的因素。我們若把文盲現象歸咎於中國文字形體的繁複，這便輕輕地抹殺了事實的複雜性。近十餘年來，臺灣省推行國民敎育極爲成功，而臺灣省並沒有推行簡體字或把漢字拼音化，可見中國文字不見得是普及敎育的障礙物。敎育普及的成功，往往在於政治、經濟、社會各方面共同的努力，我們要是只管把敎育的落後歸咎於文字的「先天條件」從而主張用拼音來代替，那無異封閉了努力的大門，阻塞了更有效的改革門路。

話又得說囘來，字形複雜的漢字，是不是眞的對教育完全不產生絲毫困難呢？這也恐怕未必。當本作者在三四歲的時候，他父親迫着他每天寫字和認字，但對字形的結構，從不給予講解，一切的努力只是重複的練習和死記的功夫。本作者後來對中國文字發生濃厚興趣，可以說是歸功於這早期「塡鴨式」的文字教育，但從現代教育學的觀點來看，可以說是浪費精力和時間的。這些時光和精力若用在其他方面的學習，也許收效更大。而且這種文字教學的方式，只靠機械式的重複練習和强記的功夫，實在有改進的必要。許多字形結構複雜的文字，要是不輔以合理的說明，是很難牢記在心頭的。當作者在美國華盛頓大學擔任中國同學會會長的時候，有一次主持遊藝節目，其中有漢字比賽一項，本作者令各參加同學寫「龜」字呈上，他們的「作品」，沒有兩個相同，但沒有一人能將正字寫出來。參加比賽的至少在中國地區（如港臺）讀完了中學。由此看來，中國文字實在不易。在日常的用字裏，字形相近而意義完全不同的，實在比比皆是。像「轂」和「殼」，「輿」和「與」，「令」和「令」，「乾」和「乾」，「賞」和「嘗」，「捐」和「損」等等，初學者一定要經過一番死記的功夫才能記得牢。中國文字的艱深，却是無可諱言的事實。

最後，我們要檢討的，是中國語文和科學思想的關係。中國語文是不是只適宜於表達情意而不適合於抽象思考和知識的傳授呢？關於這問題，學者們衆說紛紜，莫衷一是。法國學者格蘭納

(Marcel Granet) 和英國學者李察 (I. A. Richard) 都認爲中國語文拙於抽象的思考，從而造成中國科學思想比不上西方的現象（註一）。日人中村元氏認爲中國語文中極少抽象名詞，從而認定中國人不長於形上的抽象思考（註二）。可是，英國的傅勒脫 (R. A. D. Forrest) 却持相反的意見（註三）。他認爲一個語文系統好比一套交通規則，而所有的交通規則都有一個共同的目的，就是爲了交通的安全，只要能保障交通安全的便是好的交通規則。傅氏的論調與衆不同，可能有見人所未見之處。但他把語文系統比作交通規則，不是無可非議的。縱令全世界的交通規則都一樣，但每個地區人民的駕駛方式不會完全相同。本作者在美國駕駛了十六年，還沒有領悟這道理。直到一九七六年到臺大當客座，在臺北居留了九個月，才知道中國人駕駛的方式和美國人大不相同。國人駕駛的方式，有如浪漫派的詩人，不依格律，任情放縱，拐彎時不必給後面的駕駛人任何訊號，快車道的可以隨時右轉，兩車之間不必保持法定的距離。奇怪的是，臺北市的車禍率比美國任何一大城市都低得多。原因是國人雖不守交通規則，但對實際情況能作適度的反應，所以往往能在千鈞一髮之際化險爲夷。大抵中美兩國人民駕駛方式的不同，是藝術文化和科學文化的區別（註四）。科學方式重按步就班，循規蹈矩，藝術的心態重當下直覺的反應。傅勒脫氏的論調，完全忽略了這一點，把中國語文簡直當作歐洲語言系統的一支，把握不住中國語文眞精神的所在。目前研究中國文化的西方學者及受了西方文化洗禮的中國學人，不少都犯這個毛病。

我們對傅氏的批評，並不表示我們接受格蘭納，李察，或中村元氏的說法。他們所說的都有科學的精神究竟在那裏？科學的特色是什麼？這些問題雖然沒有多少人能回答，但根據一般人模模糊糊的了解，科學是客觀的，普遍的，可以證驗的。其中「客觀」一名詞，幾乎成了科學的專有商標，所謂「客觀態度」和「科學態度」成了可以相互代用的同義詞。但我們絕對不能無條件接受常識觀念。我們要問，科學究竟客觀到那裏去呢？科學是不是像一般人所想像的完全沒有主觀成份呢？根據最新的科學哲學（Philosophy of Science）的理論，縱管科學家力求客觀化，科學活動和科學成果（結論）都含有極濃厚的主觀成分。這個新觀點可以用頗蘭義（Michael Polanyi）作代表（註六）。根據頗氏的說法，一切的科學活動，擧凡假切的提出，實驗結果的鑑定，以及演繹推理的動向，都植根於科學家的主體性。這主體性的形成，和科學家的性向、喜好、文化背景，和價值觀念有極密切的關係。這卽是說，科學並不是完全客觀的，其中有極重要的主觀成分，不過一般人習而不察或故意掩住良心否認主觀的價值罷了。讀者也許會問，爲什麼有關道德、宗教、藝術等問題，人言人殊，莫衷一是，但有關科學的理論和事實，科學家們都不約而同地認可呢？這不是科學客觀性存在的證明嗎？其實頗氏並沒有否認科學的客觀性，他只不過特別强調科學也有主觀的成份罷了。他對科學家們意見「一致性」的解釋，認爲這是由於科學家們同爲西方文化的產物所致。（按我國人研究科學的大部份受西方文化影響。）目前我們談科學，只是談西方文化的科學，要是西方文化以外的文化傳統產生科學的話，這些非西方文化的科學家自然會對西方的科學提出很多異議。頗氏的見解，給我們研究比較文化的人很大的啓示。

科學訓練，一個科學工作者若沒有相當語文訓練，不管用的是「中文」、「英文」、「德文」，或「法文」，也許有力不從心之感。一個專研文藝而不懂科學思想的作家，縱管他對語文訓練有素，在表達科學思想的時候，也會有詞不達意之虞。在中國的歷史傳統裏，詩人特別多，科學思想家特別少，這不能專歸咎中國語文本身，這種現象是教育、經濟、社會，以及文化思潮整體的產物。中國語文本身對文藝的貢獻是無可否認的，但若說中國語文本身是科學思想發展的障礙物，恐怕有點武斷。長於表達情意的語文不見得便拙於表達科學思想，文藝和科學看來是背道而馳，其實是相輔相成的，根據晚近科學哲學的學說，文藝思想是有助科學發展的，一個科學工作者若沒有人文學術的陶冶，恐怕也難成大器！

以上的討論，是對中國語文本身作分析和探討，以下對半世紀以來的中國語文改革運動作反省批判。從清末到現在，所有對語文改革的提案和措施，不出下列四大範圍：㈠推行國語。㈡創製注音字母。㈢簡化漢字。㈣漢語拉丁化，以下分項討論。

「推行國語」可以說是半世紀以來語文改革運動最成功的一個項目。上文已經說過，方言的分歧不但影響全國人民的團結，而且造成許多行政和管理上的困難，縱管書寫的文字統一了兩千年，但在舊日的中國社會，懂得文字的眞是百中無一，消息的傳遞和情意的交流全賴口頭的語言。方言分歧的現象在歷史上由來已久，但由於習以爲常，一般爲政者都沒有語言統一的覺醒。民國初年的五四新文化運動，喚起了一般羣衆對語言統一的重視。「推行國語」和「白話文的提倡」同時並進。白話文的提倡還遭遇到一些保守份子的阻力，但國語推行頗算順利。政府終於在一九二二年宣布以北平話爲國語，而且正式承認白話文的地位，自始以後，中小學的課本都採用白話文了。

不過，任何一種文化運動，都不是一蹴而幾的。在國語推行的時候，一般上了年紀方言根深蔕固的人，實在不容易把國語學得好。本作者在二十多年前到臺灣讀大學的時候，上了年紀的名敎授，所操用的都是自己家鄉的土話，只有外籍敎授郝繼隆（Albert O'Hara）博士的國語最爲純正。至於臺省籍的一般民衆，像店員和三輪車夫，仍以臺省方言爲主。可是，二十年後，本作者從國外回臺當客座敎授的時候，他的同事們都能說得一口純正的國語。此外商店和菜市場的售貨員，計程車司機，都隨時用國語應客。由此看來，國語在臺灣二十年來的推行，實在有顯著的成績。至於大陸方面，聽說成績也不壞。因爲本作者在一九四九年以後沒有返回過大陸，在這方面沒有親歷其境的經驗，只好存疑不論了。

「注音符號」的創製給國語推行運動極大的幫助。但從歷史的角度來看，兩者是獨立的運動。注音符號的創製，是根源於聲韻學和語音學的需求。中國文字以形爲本，但形體和聲音並沒有必然的關係。我們面對着一個中國字，不一定能從字形來發現它的讀音。因此，每字的讀音，實在有註明的必要，最初註明聲音的辦法，採取所謂「讀若」的方式：「甲，讀若乙。」(A,pronounced as B) 其後因爲佛教輸入，受了梵語的影響而演變成「反切」。反切的辦法，就是利用兩個字來註明一個字的讀音。譬如「日」字是「人質切」，就是利用「人」字和「質」字說明「日」字的讀音，這和西洋的拼音法有點相近。「人」字和「日」字同聲(卽輔音 consonant)，「質」字和「日」字同韻（卽元音 vowel），合「人」字的聲和「質」字的韻便成「日」字的發音。這自然比「讀若」進了一步。不過，「讀若」和「反切」都有一種困難，就是拿來註明另一個字讀音的字，其本身是怎樣的讀法却沒有一定的標準。譬如用「人」和「質」兩字註明「日」字，「人」字和「質」字的發音，既因時代不同，亦因方言而異。中國文字和歐西拼音文字不同，每字都是具體的形象而不是拼音的組合。由於十九世紀末年中西文化交流，在語言學和語音學方面，少不免要向歐西語文借鏡，注音字母於是應運而生。

十九世紀末年，已有所謂「借音字母」的提議，但沒有官方的支持，難於普遍推行。民國成立後，由語音學的學術團體擬定「注音字母」，於民國七年（一九一八）由教育部批准奉行。這是中國發音學史上的一個劃時代的貢獻，打破了「讀若」和「反切」的籓籬。自此以後，一般小學教科書文字的旁邊都附有注音字母，對推行國語有很大的幫助。不過，這些注音字母大都採自漢字的偏旁，對已懂中國文字的人很容易熟習，但西方人却不容易學會。爲了使中國文字在國際語文界占一席位計，不得不創製一套合乎國際標準的注音方式，於是有民國十七年（一九二八）國語羅馬字的創立。後來，瞿秋白和吳玉章等更弄出一套「拉丁化新文字」出來，爲後來廢除漢字及漢語拉丁化運動舖路。

談到近代中國語文改革，一定要提到「漢字簡化」問題。其實，中國文字本來就非常簡單。商代的甲骨文是用刀刻在龜甲或牛骨上面的，每一筆畫都很費力，自然不能有很複雜的形體。秦漢以後，文字的數目增加，爲了避免重複和盡清晰的能事，才用加形符或意符的辦法來創造新的文字。這一來，文字形體的結構慢慢地變成複雜，而楷書的形體和原來的形體距離日遠，我們實在不容易從字形探求該文字本來的意義了。這一來，中國文字成爲學童的一項很大負擔，於是提出了漢字簡化的要求，逐漸演變而成近代中國語文改革的一項重要運動。

在國民政府的統治下，漢字簡化運動是自由的，縱管學者專家們對這問題展開激烈的辯論，政府從來沒有明令宣布採用簡體字或禁止簡體字的流行。可是中國大陸在共產的專制政治下，漢字簡化已成爲官方內政的一項重要部份。一九五六年（民國四十五）年，由官方公布了五百一十個簡體字，通令全國出版界採用。一九六四年公布簡體字六千，強令全國奉行，同時將二百一十四部首改爲一百八十九個。一九七三年更出版了簡體字字典，通行大陸全國。現在作者隨便選取幾個例子來作分析討論：

「塵」　簡化作　「尘」

「廠」　簡化作　「厂」

「盡」　簡化作　「尽」

「邊」　簡化作　「边」

「辦」簡化作「办」，

「副」簡化作「付」，

「盡」、「邊」，和「辦」字的簡體，實在來自民間習用「減筆字」，而這些減筆字却遠源於古代的草書。這種簡化方式，有民間習俗和文化傳統作根據，是無可厚非的。其實這幾個簡體字在沒有共產政權的時候已經流行，根本談不上是新的創造。其他三個例子可以說是共產政權對中國文字的「新貢獻」，好讓我們分析一下。「塵」字簡化作「尘」，也算無可厚非。因爲新字的結構，合乎造字方法，是個會意字。但其他兩個字根本不成邏輯，殽亂中國文字系統，製造嚴重的語意問題。「厂」本作「广」，本來是語根，含有「遮蔽的場所」的意思。許多有上蓋建築物的字像「廳」、「厨」、「廠」等都以它爲字根。要是我們把「廠」字簡化爲它的語根，那對其他從厂的字簡直沒有交代，把整系列從厂的字造成和工廠有關的錯覺。至於把「副」簡化爲「付」，那麼作爲「支付」、「交付」、「付托」的「付」，又當簡化爲什麼呢？還是讓它擔任雙重的語意任務呢？我們要是多拿幾個簡體字例子來檢討，便可以發現問題重重了。「漢字簡化」在原則上是可行的，但簡化的過程和執行，一定要操之於文字學專家之手。倘若只由一羣政客獨斷地一意孤行，簡化成的漢字，不倫不類，有時像日本的假名，有時像說文的部首，簡直把中國文字「全面毁容」了。

最後，我們要討論的，是「漢語拉丁化」運動。所謂「漢語拉丁化」，便是把原來的中國文字廢除，只保留語言的聲音，然後用拉丁字母以拼音的方式書寫出來。這一漢語拉丁化運動，在國民政府統治下從來沒有推行過。在政治上，這是中共政權下自命得意的措施；在文化上，這是全盤西化聲中最極端的傑作。

一九五一年，中共頭子毛澤東在一次公開演講特別强調廢除漢字和漢語拉丁化。他認爲世界上進步國家的語文都是拼音的，要中國語文趕上時代，一定非拼音化不可。二十八年的光陰倏忽過去，毛酋亦已墓木成拱。縱管中共的政權如何大力推行，大陸的人民依舊使用流傳了數千年的方塊字。而且大陸的電訊機關更强調漢字的必要性。爲什麼漢語拉丁化運動，在官方大力支持下，竟然一無所成呢？

大凡要推動一種文化改革，首先要能了解文化本身的特性，其次要能預期改革後可能引起的種種後果。中國文字本來就有一字一音單音節（monosyllabic）的特性，其中同音字特別多。舉例來說，「李」，「里」，「理」，「鯉」等字在現行國語都是同音的。經過拉丁化以後，我們不復有字形上的區別，而同音的漢語仍然保存，我們怎能從拉丁字母認知本來的意義呢？也許主張漢語拉丁化的會給我作如下的答辯：一字一音單音節的時代已過去了，在我們日常的口語當中，我們不會單說「鯉」或「理」的。我們用的是多音節的(polysyllabic)複合詞而不是單音語，我們說的是「鯉魚」和「道理」，那裏會有人聽到「鯉魚」誤作是非曲直的解釋，聽到「道理」會誤作精美的海鮮呢？這個答辯看來言之成理，但根據專門的統計數字，在一萬四千個複音詞語中，竟然發現有七百九十個是完全同音的（註九）。倘若我們把漢字全部廢棄，語意的混淆一定不堪設想了。

從另一個角度看，漢語拉丁化象徵着一種崇洋心理和東施效顰的態度。由於清代末葉國勢衰零，我們檢討自己的文化，發現科學工業不如歐美先進國家，從而產生一種「要向他人學習」的心理。可是，「他山之石，可以攻玉」並不是必然的鐵律。科技的落後並不表示其他各方面的文化都不如他人。科技發達的國家，不一定在文學、藝術、宗教、倫理方面都比我們好。「拼音文字」比「象形文字」進步的觀念，是上一代西方人類學者的荒唐結論。要是西方人類學者提出白色皮膚的人種比較優越，我們便要把我們的皮膚漂白和他們看齊嗎？

我們的文化是藝術型而多采多姿的文化，正因爲是藝術型的緣故，在生產和活動效率（指「量」和「速度」言）方面比不上科學化、機械化，和活動公式化的文化。擧例來說，烹調在我國是一種高度的藝術，可是一隻北京塡鴨的泡製要需時兩天。反觀美國麥當奴的漢堡飽，每天的產量數以億計。美國的科技和工業占全世界的鰲頭，難道我們要放棄我們本來的烹調技術專門從事漢堡飽的生產嗎？我們的文字是我們文化傳統中的瑰寶。我們的語文在世界上一枝獨秀而異於其他語文系統，正是因爲我們的文字。可惜半世紀以來中國語言學的發展，受歐西語言學的影響太深，漠視了中國文字的重要性。老前輩語言學者像趙元任、李方桂、董同龢、周法高諸先生，雖在語音學和語法學有不少貢獻，但他們的研究方向，把中國語言學導入迷途，間接地助長了漢語拉丁化的運動。我們要維護中國文化，一定要挽救中國文字；我們要挽救中國文字，一定先要建立「形」、「音」、「義」三者不可偏廢的語文學！

註　釋

註一　Marcel Granet 是法國學術界首屈一指的漢學家。他對中國語文的看法見於「中國思想」(La pensée chinoise, 1934) 第八十四頁。I. A. Richard 是英國著名語文學者。他對中國語文的評論見於「孟子心論」(Mencius on the Mind, 1936) 第七頁。

註二　日人中村元「東方人的思惟方式」英文本 Ways of Thinking of Eastern people (1964) 在西方影響極大，對中國語文之特性及思想實多誤解之處（見該書英文本第一七七、一八五，及二〇四頁），本作者曾數度爲文批評之，見本作者「比較哲學與文化」(一九七八年臺北東大圖書公司出版) 及 CLARIFICATION AND ENLIGHTENMENT: ESSAYS IN COMPARATIVE PHILOSOPHY (University Press of America, 1978)。

註三　R. A. D. Forrest 爲英國著名之漢語學者，其說見所著之The Chinese Language (1948) 第七十七頁。

註四　對藝術文化和科學文化區別之闡釋，請參看作者「比較哲學與文化」。

註五　Ernest F. Fenollosa, The Written Chinese Character as a Medium for Poetry (San Francisco: City Lights Books, 1936)。

註六　頗蘭義（Michael Polanyi）原爲國際知名的化學家，晚年對科學反省而創科學哲學的新理論。其主要著作有 Personal Knowledge (1958) 及 The Tacit Dimension (1966) 諸書。本文所引見於其小書 Science, Faith and Society (1964)。當本作者任臺大客座教授講授「科學哲學」時，曾令臺北書商將此書翻印以供諸生作參考。

註七　請參考本作者「比較哲學文化」中論中醫基本精神一文。

註八　中國醫學中「寒」、「熱」、「濕」、「燥」等觀念，根本不能用西方語文表達，尤其是「氣」一概念的內涵包羅萬象，翻成西方文字，不是過於浮泛，便是過於落實。

註九　見 John Meskill, ed., An Introduction to Chinese Civilization (New York: Columbia University Press, 1973), p. 610。

一〇、中國語文的特性

(一) 前言

在炎熱的夏季裏，坐在冷氣開放、氣溫適度調節的餐廳裏，舒舒服服的和幾個朋友聊天，根本便不覺得餐廳的冷氣在開放。到了走出餐廳的門口，一股熱氣迫人，這才猛然醒覺地肯定餐廳冷氣開放的事實。我在出國之前浸潤在中國文化的溫床二十多年，在中國思想、詩歌、藝術，和語文都下過一番功夫。可是，『不識廬山眞面目，只緣身在此山中。』我在國外和西方文化「搏鬪」一番之後，才開始對中國文化有眞正的了解（從前的只是「盲目的愛」）。

中國語文和每一位中國國民自小便結了不解緣。由於近數十年來教育普及，每一個國民至少都接受八九年中國語文的訓練。但當我們要問「中國語文有什麼特性」的時候，恐怕沒有多少人能答出來。我們要找尋中國語文的特性，不能專從中國語文的身上去找。我們要親身在外國語文（尤其是歐洲語文）經驗一番，回過頭來，才容易把握得着中國語文的特性。本作者在外邦居留了十九年，每天所用的都是他邦的語文，對中國的語文早已產生了「心理距離」。正因爲有了心理距離，便更容易作反省思考。這一篇文章就是本作者對中國語文作反省思考的結果。就本人反省所及，中國語文至少具有下列六項特性：㈠一字之本義和字形有必然性的連繫。㈡每字的創造有其內在的邏輯。㈢中國文字的字形發展成抽象的藝術。㈣一字一音。㈤聲調高低抑揚。㈥疊字的運用。以下就這幾點分別解說。

（一）一字之本義和字形有必然性的連繫

近代中國語文學者多半受西方語言學的影響，認為語文的代表意義，只不過是一種約定俗成的結果，一個字的拼法或寫法，和該字的意義並無關係，例如「書」英文叫 book，「思想」法文叫 pensée 只是一種約定俗成的社會習慣。這種習慣的背後，並沒有一定的邏輯和事實作根據。這一套語言學的理論，是百分之一百的歐西文化的產品，拿來解釋歐西語言也許很恰當，但用來解釋中國語文便產生不可思議的難題了。中國的語文不是拼音的，它的最基本要素是字形。中國語文所以別於外國語文也是因為它有獨特的字形結構。這種西方的「約定俗成」說完全忽略了中國語文中字形和字義的關係。

我並不完全反對「約定俗成」說，我只認為約定俗成說還未足夠解釋中國語文的特性。我們要問：我們的祖先造字的時候，為什麼大家都承認「母」字作「媽媽」的解釋呢？根據約定俗成說，這是不可以解釋的，但根據我們的文字學，「母」字古文作「[illegible]」，[illegible]是「女」字的象形文，兩點是女子的乳房，做媽媽的時候特別發達，是媽媽的象徵。這一來，我們可以說，約定和俗成，是有事實和邏輯作根據的，這和英文叫「書」爲book，法文叫「思想」爲pensée不一樣，因爲歐西文字的字形和字義並沒有必然的關係。

中國文字所含的意義和字形有必然的關係，只限於「本義」。「本義」是本來意義的意思，也就是該文字創造時所代表的意義。一般來說，一個字有三種意義：本義，引伸叚借義和通叚義。舉「夫」字作例子吧。作爲「丈夫」的「夫」，不是原來的意思。「夫」字古文作「夫」，「夫」是人的象形，上面一小橫並不是「一」字，而是髮簪的象形。古時童子蓄髮，成人披髮帶簪，所以「夫」字的本義是「成年男子」。孟子上說的「一夫授田百畝」的「夫」，用的是本義。由於男子成年便要結婚，「夫」字便引申作 husband 的意思。在古書裏，「夫」字還有一個很特別的解法。禮記有一段話：「曾子指子游示人曰：『夫夫也，爲習於禮者。』」這個「丈夫」應該作什麼解釋呢？第二個「夫」字應當作「成年男子」解，用的是本義。但第一個「夫」字便不同了。它在古代和「彼」字同音。古人用字有一種習慣，同音的便往往相互代用（相當我們的寫別字）。所以「夫夫」當作「那人」解。但我們要記得，一個字可能有許多引申義，可能有不少通叚義，但本義只有一個。引申義和通叚義的約定俗成是絕不能否認的，但本義和字形間的必然關係也千萬不要忽略，因爲這一特性是拼音語文所沒有的。

（三）每字的構造有其內在的邏輯

中國文字的構造，都有一定的方法，而且是很合乎邏輯的方法。漢代的文字學家許愼用歸納的方法把造字的原則分成六項，叫做六書。這就是「象形」、「指事」、「會意」、「形聲」、「轉注」，和「叚借」。可惜許氏給六書下的定義有點含混不清，歷代的文字學家都給予不同的解釋，尤其是轉注一書，至今還沒有定論。前輩學者唐蘭氏，認爲有把六書刪改爲三書的必要（見唐氏「中國文字學」），但沒有將計劃實行。本文作者受了他的啓示，經過一長時期的體會研究功夫，將中國文字就其本義及初形分爲三大類：㈠單體字。㈡複體字。㈢雜體字。

「單體字」是中國文字不可再分的最基本的單位。大部份的象形字和指事字都屬於這一類，這實在是中國文字的字根。現在就其初形（甲骨文或至少鐘鼎文）舉幾個例子：

日

月

雨

行

水

木（一株樹的意思）

禾

貝

牛

大（本義爲「人」）

米

馬

羊

女（象人跪地雙手被縛形）

以上所舉的例子，都是具體的意象。那麼抽象的概念（像形容詞，動詞等）又如何表達呢？

請讀者們留意下面的例子：

上

下

門

冓（後加辶作遘）

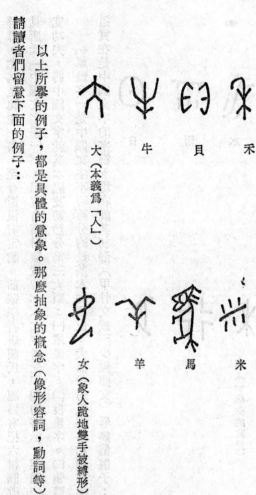

「上」「下」的觀念要比「馬」「牛」「羊」等要抽象得多，但我們的祖先也費盡心思把它們表達出來。這兩個字，既可作動詞，也可以作形容詞和副詞，甚至可以作抽象名詞。至於「鬥」字觀念是抽象的，但這字的古形是用具體的形象來表達抽象的意念，利用兩個人用手互相格鬥來表示「爭鬥」或「打鬥」的意思。「冓」字是「遘」字的前身，古字的形狀是用抽象的符號來表示「相遇」的動象。由此看來，在單體文字裏，有具體，也有抽象，有靜態，也有動態。不過我們要記得，單體字是中國文字的根，數目只有幾百個。我們要是能徹底把握這些字根的本形本義和流變，對複體字和雜體字自然不成問題的了。

「複體字」是把兩個以上的單體字結合以成的新字。會意字和形聲字都屬於這一類。一般來說，形聲字都有一個意符和一個音符。例如「江」字從水、工聲，「河」字從水、可聲，「清」從水、青聲。以上三個字都是從「水」而得意，但三個字的仔細區別不是從意符可以看得出來的。因此有些文字學家（如宋代的王聖美）便主張「聲符含義」的說法，認爲聲符也有意符的功能，這個說法有時頗有道理，有時捍格不通，到現在還未得充分的證實。會意字便不產生這個問題，只要我們懂得構成那字的單體字，那字的意義便如在掌握中了。「盥」字看來是一個字形很複雜的字，但我們把它分析，一點也不難。「皿」是一個盆子，裏面有水，臼（初形爲𦥑）是雙手的象形。這幾個單元結合起來便產生「洗手」的意思。又如「媾」字，「女」字不必說了。「冓」字在上文說過，本義爲「相遇」之意。「和女相遇」便產生「婚媾」和「交媾」意思。又如「志」字，「心」字可以不必解釋，「士」字其實是「之」字，在篆文還很清楚，到楷書才搞錯了。「之」字的本義是「往」的意思，「心之所往」或「心態的趨向」便是「志」。會意字的意義比形聲字爲確定，但最大的缺點是從字形念不出聲音來，這也是中國文字的一般性的問題。

「雜體字」是由一個（或一個以上）單體字和非文字的符號結合而成，爲數不多。它和「複體字」最大的分別是，複體字由單體和單體結合而成，雜體字由單體和不成體（非文字）的符號結合成。我們前面舉過的「夫」字，正可作雜體字的例子。「大」字是人的象形，上面加「一」（不是「一」字，而是髮簪象形）而產生「成年男子」的意義。又如「母」字，是由「女」字和兩點（象徵女性的乳房）合成而產生「母親」的意思。但那兩點不是文字，只是象形符號，所以「母」字是雜體字而不是複體字。又如「果」字，是樹上（木）加一象果形的符號而成，因爲象果形的符號不成文字，所以「果」字是雜體字。

不管單體字也好，複體字也好，雜體字也好，都有其內在的邏輯。換句話說，每個字都是理性的產物，都是合理的，絕不是隨便約定俗成的。

（四）中國文字的字形發展成抽象的藝術

我所說的抽象藝術是指書法而言。中國文字的書寫成爲一種重要藝術是我國文化界人所共知的事實，而我國書法和一般人的生活打成一片。亭台樓閣，廟宇的大門，圖書館，大禮堂上的匾額都請書法家或懂得書道的名人題字，商店的招牌也不能隨便馬虎。至如一般人的來往信札以及政府機關的公文，對字體也非常講究。書法之所以成爲抽象藝術，全在於字形的形式美（formal beauty），和字的內容無關。因此，不懂中國文字的外國人，許多時也能欣賞我們的書法。

我們書法的藝術，代表着我們文化的生命宇宙觀。易繫傳曾說過：「天地之大德曰生。」又說：「生生之謂易。」中國藝術一向注重描寫自然的生動。南齊謝赫創六法，第一項便是「氣韻生動。」歷代的偉大書法家往往從大自然的生命表現來創造他們的藝術。據說王羲之的行書是從他觀察白鵝撥水的姿態而學來，張旭的草書來自公孫氏舞劍的姿態。草訣歌裏面有一句叫「筆下龍蛇走」，便是說書法家的筆下有生命表現的意思。

上面所談的似乎只限於行書和草書。其實中國歷史上各階段的文字，甲骨文，鐘鼎文，小篆，隸書，和楷書，都可以成爲一種藝術。一般來說，甲骨文的特性是簡勁而暴露，鐘鼎文渾厚而深邃，小篆剛健而秀挺，隸書穩定而雋逸，楷書端莊而公正。每一種字體都帶有人格的德性，而人格的德性是和自然的生命分不開的。

歐西文字以拼音的字母爲重，在造型上變化不大，很難發展成一套和繪畫、建築、雕刻等並駕齊驅的藝術。我國的書法在世界藝術的園地裏一枝獨秀，而書法之所以成爲藝術，却有賴於我們文字的先天條件。

（五）一字一音的特性

一字一音的特性，英文叫做 monosyllabic，是單音節語言的意思。我國語文的一字一音，過去一般語文學者都一致地肯定。可是近數十年來由於歐西語言學的影響，不少西化的學者認爲中國語文也是多音節的（polysyllabic）。這個說法可以推林語堂氏爲代表。林氏雖然不是語言學專門學者，但他在一九七二年完成了一本「中英大辭典」（Lin Yutang's Chinese-English Dictionary of Modern Usage）由香港中文大學出版，影響歐西的中文研究甚大。根據他的說法，不少中國字（或「詞語」）都是雙音節或多音節的，下面的是幾個常見的例子：

黑板　飛機　汽車　牛肉　飯館　學校

毫無疑問地，這六個例子在英文都是單字：blackboard, airplane, automobile, beef, restaurant,school。可是，我們若說凡在英語是單字的在中國語文也應該是單字，這便可笑萬分。我們若認爲「飛機」、「牛肉」是單字，那麼「飛」、「機」、「牛」、「肉」該是什麼呢？其次，英語雙音節的單字被分解成單音的時候，可能全無意義。例如，honor是一雙音節單字，是「榮譽」的意思。但 hon 和 nor 兩音節被分解拆開的時候，一點意義都沒有了。但上面所學的雙音節詞語像「飛機」和「牛肉」便不同了。「飛」字，「機」字，「牛」字，「肉」字單獨存在的時候也有其本身的意義。由此看來，上述的六個例子不可以說是單字，只可以說是詞，或是複合字語（word-compound）。我們可以肯定，中國語文是單音節的，一字一音的。

由於一字一音的特性，文字組合而成的文章或文學作品都可以排列整齊，朗朗上口，易於背誦。請看我們從前用來敎小孩子的初級課本「三字經」：

人之初　性本善　性相近　習相遠

苟不敎　性乃遷　敎之道　貴以專

從前的人讀熟「三字經」幾乎終身不忘的原因，正是因爲排列整齊每個句子都是三個音節的緣故。要是中國語文沒有一字一音的特性，簡本便產生不了這些作品。

中國詩歌的體例，有所謂「四言」、「五言」，和「七言」的，這都是以每句所含音節的數目來決定。因爲每句的音節都一定，朗讀起來便有一種長短齊一、韻律工整的感覺，使人產生音樂旋律的快感。由此可見中國詩歌的本質，受中國語文的影響極大。

（六）聲調的高低抑揚

中國語文在語音上最大的特性，除了一字一音之外，便是調的高低抑揚。兩個同聲（consonant）和同韻（vowel）的字，不一定是完全同音的。只有同聲、同韻，又是同調的，才可以說是完全同音，譬如「媽」字和「罵」字，照現在的國語念起來，既同聲，又同韻，要是沒有聲調的差異，「不要罵媽媽」這句話，可能沒有人聽得懂。「媽」字是陰平聲，「罵」字是去聲，只要能念得出聲調的差異，聽者便不會迷惑了。

由於語文聲調的高低抑揚，中國文學中的美文（詩、詞、歌、賦、駢文，甚至於某些散文）具有很悅耳的音樂的特性。這一來，文學兼有音樂的功能，在發洩情緒和陶冶人格方面却能發揮教育的作用，孔子所說的「詩可以興，可以羣，可以怨」，實在沒有半點誇張。但我們不要忘記，詩歌的功能和語文的特性有不可分離的關係。當一首中國詩翻成英文的時候，不再是我們文化中的詩歌了。

現在的北平話聲調最簡單，只有「陰平」、「陽平」，和「上」、「去」四聲。但南方的方言，像閩語、台語，和粵語，却有八九個聲調。目前在香港所流行的廣東話，有九個調，「平」、「上」、「去」各有兩個，入聲有三個之多。前代的聲調學家在研究的時候，都把握「平」、「上」、「去」、「入」四聲來研究。一般人初學聲律，便要背誦這幾句要訣：

平聲平道莫低昂　上聲高呼猛力强

去聲分明哀道遠　八聲短促急收藏

不過這幾句要訣是行外人看不懂的，要是沒有經過一位可靠老師的面授和口傳，我們絕不可能從這幾句話懂得「平」、「上」、「去」、「入」四聲的分別，正如一個人看了游泳的入門書依舊不懂游泳一樣。本文的讀者要是沒有跟過老師學習聲律，看完了這篇文章可能對「平仄」仍然一竅不通。聲調高低抑揚的道理是要口頭講解的，本文辭不達意之處，希望讀者們原諒。

（七）疊字的運用

最後一項我要特別提出的，是中國語文中的疊字。疊字的現象，遍佈幾千年來的文學作品。在文言文不消說了，就是白話文也常常出現疊字。例如：他留在家裏「看看」書、「下下」棋，這是動詞的重疊；他個子「高高」的，臉「黃黃」的，這是形容詞的重疊；他「慢慢」地走過來，「輕輕」地看她一眼，這是副詞的重疊。

疊字在中國古籍更爲普遍，詩經的「蒹葭蒼蒼」和「桃之夭夭」是最早的例子之一。到了漢代以後，疊字的應用更爲普遍。「古詩十九首」其中一首詩，幾乎每句都有疊字：

青青河畔草，鬱鬱園中柳。盈盈樓上女，皎皎當窗牖。娥娥紅粉妝，纖纖出素手。昔爲倡家女，今爲蕩子婦。蕩子行不歸，空牀難獨守。

當本文作者肄習大學的時候，他曾經在「詩選及習作」一課做過一首詩名叫「暮春遊碧潭」的，其中每句都用疊字：

一水盈盈隔翠薇，　含情脈脈對斜暉。
殘紅片片傷春去，　細雨絲絲送客歸。

根據本文作者讀書的經驗，運用疊字最玲瓏巧妙而通俗化的，要算羅洪光的「醒世詩」，現在擧一首如下：

有有無無且耐煩，　勞勞碌碌幾時閒？

人心曲曲彎彎水，　世事重重叠叠山。

古古今今多變改，　塵塵世世有循環。

安安分分隨時過，　苦苦甜甜命一般。

叠字有時也在對聯出現，畫龍點睛，使意境特別顯露，情感格外迂絗。現在僅就記憶所及，舉一聯如下：

翠翠紅紅處處鶯鶯燕燕

風風雨雨年年暮暮朝朝

這一對聯可謂詩人精心妙作，全聯用叠字組成，對仗工整，意境活現，這不能不歸功於我們語文的得天獨厚。

最後我想複述我以前一位文字學老師在課堂上所講述的趣聞。從前大陸一位銀行經理陞遷爲銀行行長之職，其中一位朋友送他一副對聯道賀，上聯和下聯都只有一字，但每字重複了七次。這對聯寫的是

行行行行行行行

長長長長長長長

這是什麼一回事呢？這副聯應當怎樣讀呢？其中一位對中國語文敏感而有研究的，立刻當衆

讀出來說：

ㄏㄤˊ ㄒㄧㄥˊ ㄏㄤˊ ㄒㄧㄥˊ ㄏㄤˊ ㄏㄤˊ ㄒㄧㄥˊ
ㄔㄤˊ ㄓㄤˇ ㄔㄤˊ ㄓㄤˇ ㄔㄤˊ ㄔㄤˊ ㄓㄤˇ

這是疊字運用的極致，充分表現着中國語文和歐西語文有所差別的事實。這雖然是一個比較極端（不常見）的例子，但這例子實在能喚起我們對中國語文特性的注意，從而對中國語文獲得更深刻的了解。

（八）餘論

近年來由於臺省經濟建設頗有成績，政府當局和文化教育界中人繼經濟建設提倡「文化建設」和「文化復興」的運動。語文是文化的骨幹，教育的基石。要是我們對自己的語文毫無認識，我們便根本不配談什麼「文學」、「歷史」，和「哲學」。論語說得好：「君子務本，本立而道生。孝弟也者，其爲仁之本歟！」我們可以套這句話說：「君子務本，本立而道生。語文也者，其爲文化之本歟！」

我這一篇文章列擧了中國語文的六大特性，並不算盡擧而無遺。語法方面的特性在文中完全沒有提及，因爲只就語法特性來討論的篇幅，恐怕至少和本文一樣的長短。我的「中國語文新論」正在撰寫，其中爲語法立專章討論，可以給這裏的簡略不全補過補過！

有一點我要向讀者們特別說明的，「語言學」和「語文學」含義不同。西方文化界發達的是「語言學」，不是「語文學」。語言學研究的對象是口語，以字音語法爲主。西方語言以拼音爲主，他們的文字根本沒有什麼特色，沒有什麼研究文字的需要。「語文學」是我們所必須的，因爲我們寫的文字在世界語文系統中一枝獨秀的緣故。可惜近數十年來中國學術界受西方的影響太深，中國的語文學者採用西方語言學的方法來治中國語文，好比用烤箱來做中國菜一樣。因爲西方的語言學是爲他們的語言傳統發展成的。他們並沒有研究字形流變的必要。不幸的是，我們受西方語言學影響的學者竟然東施效顰地對字形漠視，發展半身不遂的中國語文學。這種半身不遂的語文學對文化摧殘甚大，因爲它直接導後學於迷途，間接開漢語拉丁化的途徑。

我這一篇文雖然有點拉雜成章，但自信能「畫龍點睛」地將中國語文（尤其是文字）最顯著的特色介紹出來，好讓關心中國文化，熱心從事文化建設的人們參考參考。

第二部 哲學篇

一、哲學的定義和題材

本書作者在求學的過程中，聽過四位老師「哲學概論」的課，也讀過好幾本「哲學概論」或「哲學大綱」一類的書。縱管他們彼此門戶不同，立論各異，但都有一個共同的特點。這就是當他們介紹「什麼是哲學」的時候，不惜花很大的鑽研功夫，旁徵博引，不厭其詳。在講堂上授課的往往花半個學期來闡述哲學的定義，撰著課本的也給哲學定義不少的篇幅。但這種努力不一定產生相應的良好效果。一個哲學的門外漢或是剛進大學門的學生，對於定義的煩瑣分析不是望而生畏便是覺得味同嚼臘。本來對哲學充滿着好奇心和追求慾的都往往因此而却步。所以作者不打算採取這種學究式的介紹，高築一度哲學的門牆，使初學的人有「鑽之彌堅，仰之彌高」的感覺。

不過，話又說囘來，對於一個初習哲學的人來說，一個基本的定義還是必要的。倘若沒有一個基本的定義，初學者會覺得像大海中的孤舟，飄流不定，無所適從。所以作者採取折衷的辦法，先介紹一個古典的定義，然後根據當代哲學的一般趨勢，再來給哲學下一個簡明的界說。這個折衷的辦法，目的在汰蕪存菁，删繁就簡。要是讀者喜歡旁徵博引，不厭其詳的介紹，請參閱作者業師唐君毅教授的「哲學概論」。

大抵任何一本哲學入門的書，都要提到哲學的古典定義。哲學的英文名詞是 philosophy。它的希臘語源是「愛智」。(philos 爲愛，sophia 爲智。) 那麼，「愛智」一詞究竟作甚麼解釋呢？在現代的日常語彙裏，「智慧」(wisdom) 和「知識」(knowledge) 兩者截然不同。「知識」一詞，往往用作指對事物認識和對事物間關係的理解，而「智慧」一詞却兼具人生的態度，價值的判斷，和理想的建立。在古希臘思想裏，二者並沒有明顯的界限。那時也沒有「哲學」和「科學」的區分，哲學的園地是知識的總滙，也就是科學的總和。十六、七世紀以後，人類知識的實證部分才慢慢宣布獨立而成各部門科學，然後「智慧」和「知識」兩概念才慢慢的區分爲二。至於「愛」字，更不容易下一個簡單而確定的解釋。由認識而喜好，由喜好而且暮追求，甚至於同生共死。孔子說：「朝聞道，夕死可矣。」正是表現這種愛智的精神。他又說：「知之者不如好之者，好之者不如樂之者。」這句話正說明愛智的三種層次：認識、喜好，和且暮追求。可見東西大哲的心聲互相呼應。要是孔子和蘇格拉底今天還活着，他們一定會在東西哲學會上把盞言歡，頓成莫逆。

由於近世學術日形分歧博雜，哲學的園地也不像古代文化中那樣質樸和單純。這一來，園丁們都有從墾荒經驗中孕育而成的一家見解，而且他們都很喜歡就一己所得來給哲學重新下定義。大抵他們所下的定義，都反映他們學派的立場和主張。縱管他們所下的定義各自不同，但却有一顯而易見的相同作風，就是他們所下的定義，都是爲他們的同行中人而設的。他們不願意爲行外人或初學哲學的人來立一個界說。這種犧牲教育來爲學術，似乎是一般學者專家的通病。現在作者希望不犯這種通病，爲初習哲學的人根據現代哲學的趨勢來介紹一個顯明的界說。哲學的定義是——

『哲學是對經驗作反省的活動。』

這個定義給我們很明顯的指示：哲學的題材是「經驗」，哲學的方法是「反省」。在這一節我們先討論哲學的題材，哲學的方法留待下一節另行講述。

所謂「題材」，用我們學術上的一般術語來說便是「研究對象」。大凡一門學問，都有固定的研究對象。天文學的研究對象是日月星辰，地理學的研究對象是山川田野，生物學的研究對象是飛潛動植，心理學的研究對象是人類行爲和心態，社會學的研究對象是羣體生活和文化模式。那麼，哲學的研究對象是什麼呢？說來眞令人難以置信，作爲羣學之首的哲學，竟沒有固定的研究對象！這也不奇怪，我們的先哲老子早就說過：「大方無隅，大器晚成，大音希聲，大象無形。」正因爲沒有固定的研究對象，才顯得哲學這一門學問波瀾壯濶，層出不窮。

哲學既沒有固定的研究對象，那又怎會成爲一門學問呢？首先我們要了解，哲學不是沒有研究對象，祇是研究對象沒有分明的畛域而已。我們在上文已經說過，哲學的題材是「經驗」，這就是哲學的研究對象了。可是「經驗」一詞，界說紛紜，莫衷一是。而且「經驗」的內容，博雜分歧，包羅萬象。哲學以此爲研究對象，無怪這一門學問撲朔迷離，惟恍惟惚了。

然而，我們不要失望，哲學是有路可循的。泰山絕頂，峨嵋巔峯，也可以拾級而登。我們只要有極大的耐心，摸着了研究的正途，循序漸進，鍥而不舍，是不難到達目的地的。不過，攀登泰山絕頂，也得要從平地開始。我們在這裏要探討的，是一個最平凡而基本的問題：什麼是經驗呢？它的內容是什麼呢？它的界限在那裏呢？這是我們研究哲學的起點。

我們研讀西方思想史，不難發現「經驗」一詞有三種不同的解說。第一種的解說可以溯源於古希臘。根據這種解釋，「經驗」是和「理論」相對立的。所有操手作的工人，像木匠、鐵匠、鞋匠、理髮師，和紡織工人之類，都不需要高深的學識和有系統的理論。他們憑藉「經驗」的累積來進步。這一來，「經驗」一詞，實在含有「嘗試錯誤」的意味，不必有什麼學識存乎其中。國父孫中山先生所說的「不知亦能行」，正是指這種經驗。由於希臘文化重理性，重抽象思考，重系統化的知識，「經驗」備受歧視，難登大雅之堂。希臘哲人們重知而輕行，爲學問而學問，這種心態影響了西方文化達兩千年之久。

「經驗」的第二種解說源於近代英倫經驗派（British Empiricism）的哲學。這一學派始創於培根（Francis Bacon），而大成於洛克（John Locke）、柏克萊（George Berkeley），和休模（David Hume）等人。根據這一派的解說，「經驗」是我們感官攝受外界所獲得的資料。主要的項目包括色、聲、香、味、觸、動靜、冷暖、廣袤等。這一來，洛克等人用畫地爲牢的方式把「經驗」局限在感性的領域裏。這種偏狹的經驗觀竟流行了兩世紀。到了二十世紀，經過不少哲學家的努力，「經驗」一詞才慢慢得從英倫經驗派的牢獄中解放過來。

「經驗」的第三種解說方興未艾。這種新解說始自詹姆士（William James），後來的西方哲人們都不自覺地承受這個新說。其中杜威氏（John Dewey）把這新解說深刻化和系統化，成爲今日西方哲學界（尤其是美國哲學界）對「經驗」一詞的正統解說。根據他的說法，「經驗」一詞包羅萬有，包括主體和客體間的一切。舉凡主體性的良知、感覺、推理、想像、憧憬、感受，以及客體間的日月星辰，山川田野，飛潛動植，都屬我們的經驗範圍。由此看來，「經驗」一詞在現代哲學的含義，實包括主體客體間的感應現象及人類文化活動的全部。我們說哲學是對經驗的反省，也就是說哲學是對文化活動的反省，因爲離開了文化活動，現代人根本便沒有經驗可言了。

我在這裏要向讀者特別說明，作爲哲學題材的經驗，並不限於個人的經驗，而是指人類的一般經驗而言。有些哲學家（如存在主義者）特別強調個人獨特經驗的重要性，但在東西方哲學傳統的大流裏，哲學探討的對象仍以人類經驗的通性爲主。倘若我們研究的對象只局限於個人一己的經驗，我們便要對許多人生重大問題閉口不談。舉例來說，「死亡」是中外哲學史上一個重大問題，古今偉大的思想家們從我國的莊子到現代德國的海德格（Martin Heidegger）都對這問題發表過精闢的見解。可是當他們討論這問題的時候，他們還活在人間。由此可見哲人們對人生經驗的探討，是超出個人經驗範圍而力求及於人類經驗全體的。

人類經驗的全體，博雜分歧，包羅萬象，作爲一個哲學的研究者，究竟從那裏開始探討呢？這個問題對我們來說是不成問題的。因爲我們生得晚，東西哲學傳統裏不少哲人已給我們做了墾荒、拓植、建設，和修飾的工作。我們首先要做的，就是承受他們努力的成果，然後再來從事我們自己的開荒和建設。走在我們前面的哲人們，曾經下了一大番工夫選取人生最重要的經驗來從事反省的工作。他們選取和反省的結果，給哲學的園地打了分門別類的基礎。根據西方傳統的說法，哲學可以區分爲下列各大門類：

甲 形上學（Metaphysics）：其中又分「本體論」（Ontology）和「宇宙論」（Cosmology）。

乙 知識論（Epistemology）：英文或稱 Theory of Knowledge。邏輯（Logic）和心理學（Psychology）一向隸屬此門之下，至近世才獨立成爲專門學科。

丙 價值論（Value Theories）：這一門包括（但不限於）下列各學科：

㈠ 道德哲學或倫理學（Moral philosophy or Ethics）

㈡ 社會哲學（Social philosophy）

(三) 宗教哲學 (Philosophy of Religion)

(四) 藝術哲學 (Philosophy of Art) 或美學 (Aesthetics)

(五) 歷史哲學 (Philosophy of History)

根據我們「哲學是對經驗作反省」的說法，以上各大門類都是中西哲人對人類經驗反省的成果。從對道德生活或倫理經驗的反省而產生道德哲學或倫理學；從對宗教經驗的反省而產生宗教哲學；從對美感經驗和藝術創造活動的反省而產生美學和藝術哲學；從對羣體生活經驗作反省而產生社會哲學；從對歷史經驗作反省而產生歷史哲學；從對吾人認知的經驗作反省而產生認識論或知識哲學。最後，我們要問，形上學也是哲人對經驗反省的產物嗎？是的，形上學也不能例外。可是，許多人對形上學的看法，以爲形上學是「超經驗」或甚至於「非經驗」的。這種看法和我們看法不一致的原因，是許多人對經驗的看法，還停留在西洋哲學史的十七、八世紀，認爲經驗只是感官和知覺世界的產物。根據這個說法，形上學自然是超經驗了。根據我們最新的「經驗」一詞的定義，經驗包羅萬有，舉凡主體和客體間的一切，都屬經驗範圍，形上學是經驗的產品不用說了。至如形上學如何從經驗產生，我們以後有專文討論。作者在這裏謹以至誠之言敬告讀者，不要從「形上」兩字來聯想到虛無飄渺、惟恍惟惚的世界。我們須知道，「形上學」一詞，是從洋文 metaphysics 翻譯過來。「形上」兩字見於易經。易經說：「形而上者謂之道，形而下者謂之器。」其實西洋哲學 metaphysics 一詞，是兼指「道」和「器」言，只有某些學派（像唯心論）才重道而輕器。翻譯者有所偏好或一時大意，把「形上學」來翻譯metaphysics。這一來，一般初學者被名相困惑，以爲這門學問不是難於捉摸便是不落實際了。根據我們的哲學定義來引申，形上學是由哲人對宇宙（吾人經驗對象）作全盤性、深入性的反省，透過理性和想像（這都是經驗的一部分），從而建立對宇宙一個整體的看法。這一來，我們的形上學觀，並沒有不可思議的神秘色彩，所以我們也不必附和邏輯實證論者（Logical positivists），高呼「打倒形上學」的口號了。

以上所述的「道德經驗」、「宗教經驗」、「美感經驗」、「歷史經驗」、「認識經驗」、「羣體生活經驗」，以至於「對宇宙人生作全盤性體會的經驗」，都不是截然劃分和互相排斥的。宗教經驗往往離不了對宇宙人生作全盤性的體會，因此宗教哲學和形上學間的關係也頗爲密切。道德經驗和羣體生活經驗也不容易嚴格劃分，因爲一個人離開了羣體便根本不可能有道德生活，因此道德哲學和社會哲學是互相溝通的。亞里士多德（Aristotle）把倫理學當作政治學（即我們所謂「社會哲學」）的一部分，也不是言之無據的。總之，人類的經驗是有機的整體，哲學上的分門別類也只不過是權宜的辦法罷了。

以上所列擧的哲學各部門，是一般比較舊式的哲學概論書籍中沿用的分類法，在今日的哲學界似乎有補充和修正的必要。由於人類經驗內容日趨充實，哲學的內容也跟着有所發展。在二十世紀的哲學園地裏，有兩門顯學是值得一提的。這是「語言哲學」(Philosophy of Language)

和「科學哲學」(Philosopny of Science)。在舊日的哲學傳統裏，這兩門都是知識論的附庸。柏拉圖、亞里士多德、莊子，和荀子等古代哲人都對我們的語言經驗下過不少反省功夫，但成爲哲學園地一獨立部門却只是幾十年間的光景罷了。西方科學本萌芽於古希臘，但兩千年來都沒有長速的進步。到了十六、七世紀之間，由於方法的創新和改良，新科學勃然崛起，勢不可當，竟然在三百年短短的時間，影響力及於人類經驗每一個角落。它給我們建立了空前的物質文明，但給我們的生活也帶來了前所未有的困惑。因爲這個緣故，現代的思想家們不得不對科學本身痛下反省，從而建立了「科學哲學」一門獨立的學問。

在今日的哲學園地裏，還有兩門方興未艾的學問。這是「文化哲學」和「比較哲學」。中西大哲對文化內容作檢討的，隨處可見，但就文化內容的主要部分作全盤反省而成有系統的專著，則從德國凱西勒(Ernst Cassirer)「論人」(An Essay on Man)一書開始。我國當代哲人像梁漱溟、方東美，和唐君毅等，在文化哲學都有一家之言的論著。不過這只可算是開啓山林的努力。「文化哲學」是否能在將來成爲一門獨立的學問，和「倫理學」、「美學」、「宗敎哲學」、「知識論」，和「形上學」並駕齊驅，便要靠後繼者的努力了。

「比較哲學」這門學問，也是只有短短幾十年的歷史。看來東方的學者對這門學問比西方的學者更感興趣。由於百年來西風東漸的結果，東方的思想界遭遇到前所未有的挑戰。東方的學者們不得不學習西方思想以求他山之助。「比較哲學」正是他們學習的心得。我國學人梁漱溟、方東美、黃建中、唐君毅諸人在這方面都有極大的貢獻。日人中村元氏和印度的喇祖氏（P. T. Raju）都是比較哲學有名的學者。但美國學術界的貢獻也着實不少。比較哲學在今天的美國大學能夠成爲一門學科，多多少少歸功於夏威夷大學五度召開的「東西哲學會議」和該校一九五一年創辦的「東西哲學季刋」（Philosophy East and West）。一九六八年美國比較哲學學會成立以來，西方青年學者也不斷加入這新園地來從事墾荒的工作。作者在民國六十五年（一九七六年）應國立臺灣大學哲學系之聘，專門講授「比較哲學」，據說是國內大學哲學系開這一課的先聲。看來這一門學問引起了不少哲學界人士的興趣，成爲一門顯學是應當不成問題的了。

以上所述，並不能概括哲學所有的門類。哲學的研究對象既爲人類經驗的全部，哲學的門類自然千差萬別，層出不窮。「飲食男女」是人類經驗中極重要的部分，奇怪的是，哲學界中人還沒有開闢「男女哲學」和「飲食哲學」的園地。由此可見哲學世界還有許多「處女地」來等待我們開拓。但開拓處女地要比灌溉現成的田園難得多。我們要開拓哲學的新園地，一定先要熟習各種哲學方法，要對中外先哲的思想有很澈底的了解。倘若對舊田園還未熟悉便想開拓新的領域，縱使不是緣木求魚也要事倍功半。哲學學得到家的時候，隨處都會發現新園地或新領域。芳草、夕陽、游魚、歸鳥、家事、國事、天下事，都可以作爲我們哲學思維和體會的對象。那時，哲學的心靈，與天地萬物一體，因爲平凡的事物都呈現不平凡的意義來了。清代大詩人袁枚說得好：

　　但肯尋詩便有詩，

二、哲學的態度和方法

我們在上文說過，哲學的題材是經驗，而經驗這概念包羅萬象，囊括一切。舉凡主體性的良知、感覺、推理、想像、憧憬、夢想，以及客體性的山川田野，飛潛動植，日月星辰，都屬我們的經驗範圍。那麼哲學和科學的區別究竟在那裏呢？良知、感覺、推理、想像、憧憬、夢想，不是心理學研究的範圍嗎？山川田野，飛潛動植，日月星辰，不是地理學、生物學，和天文學探討的對象嗎？科學的題材何嘗不是人類的經驗呢？要是我們說，科學所研究的是人類經驗的局部，而哲學所探討的却是人類經驗的全部，那麼哲學的畛域是不是就是各科學的總和呢？要是哲學是各科學的總和，從事哲學研究的工作者，豈不是緣木求魚嗎？

我們首先要知道的，哲學的研究方式和態度和科學是迥然有別的。科學家非常重視資料的蒐集，假設的證明，和實驗的程序。但這些都不是哲學家所重視的。哲學家的旨趣，是就科學（或其他各部門學問）所發現而再加反省批判。譬如中國醫學界發現了針灸有局部麻醉的功能，病人動手術時可以利用針灸代替針藥麻醉。哲學家得到這一項消息之後，和一般人增廣見聞後恬然自得的心理不一樣。他一定會就這新發現再加探究，再加反省。他一定會問：針刺痲醉爲什麼會可能？有什麼生理學根據？它的應用限度在那裏？它究竟是針灸的一種正式用法，還是別開生面或旁門左道？這項發現在實用上的價值究竟如何呢？在中國醫學發展史的立場來看，這究竟是劃時代的貢獻呢，還是把中國醫學導入歧途呢？大抵哲學家和常人最大的不同之處，就是他愛追問，問長問短，問東問西，問這問那，一點也不放鬆。這是哲學家的「窮極源委」的態度。

這種「窮極源委」的態度，許多時表現於兒童的好奇心理。根據一般的觀察，兒童往往喜歡問：「我是從那裏來的？」成人們往往回答：「你是爸爸媽媽生出來的。」接着的問題便是：「爸爸媽媽是誰生出來的呢？」這樣問下去，往往問到人類最原始的祖先從那裏來。那些信奉基督敎的家長們，自然拿出上帝來做最後的答案：「是上帝創造的。」可是兒童們的好奇心理强，宗敎虔敬的心理弱，「上帝」一詞的出現不會停止他們的發問。他們一定還繼續問下去：「上帝又是誰創造的呢？」老子說：「含德之厚，比於赤子。」想不到「窮極源委」的哲學心靈，也常在赤子之心發現呢！

哲學的第二種態度是「融滙貫通」的要求。科學家的精力和爲學旨趣往往集中在人類經驗的一個特殊畛域。在自己研究對象畛域內的一切，都不厭其詳的精細研究，但對別的部門研究對象，他們往往不聞不問。研究聲光學的可以完全不懂生物學，研究生物學的可以完全不懂機械學，研究機械學的又可以對心理學完全不管，研究心理學的人又可以對天文學置若罔聞。這是一般科學家分工合作力求專精的態度。但哲學家要把人類各部門的知識和經驗力求融滙貫通，來建立對宇宙人生一個全盤的看法。科學和宗教本來是人類經驗的兩個截然不同的領域。但哲學家要追問（這也是「窮極源委」態度的表現）：科學和宗教是不是絕對不相容呢？還是河水井水互不侵犯呢？還是互補不足相輔相成呢？一個科學家能不能有宗教的信仰呢？要提倡科學是不是一定要排斥宗教呢？反過來說，一個宗教傳道者對科學應採取什麼態度呢？我們若接受舊約創世紀的福音，是否一定要排斥達爾文的進化論呢？這些都是哲學態度所引發的問題。哲學態度要求各方面經驗的溝通，而不是局限於某種經驗的畛域的。

我在中學時讀太史公自序，讀到「究天人之際，通古今之變，成一家之言」的時候，心中大惑不解。我的心裏想，太史公是個歷史家，應當從事無徵不信的考據工夫才是，怎麼要大放厥詞談什麼「究天人之際」呢？中學的課程沒有哲學（其實哲學對中學生極爲必要），這也難怪我對太史公這幾句話大惑不解。後來研習哲學之後，再把太史公的話咀嚼一番，才知道太史公是個哲學天分極高的史家。他的學術旨趣，不限於史事的記述和考訂，而在於從吾人的歷史經驗着手，去把古往今來宇宙人生間的經驗融貫起來，建立一個系統化的理論。這完全是一位大哲人的氣概。可惜一般寫中國哲學史的人，都沒有把他當作哲學家看待。

哲學的第三種態度是「超脫現實」。一般人認爲哲學是脫離現實的，這是對哲學很大的誤解。「超脫」（transcend 或 go beyond）和「脫離」（separate from）有很大的區別。

「超脫現實」並不是對現實採取不聞不問的態度，而是把現實擺在一個適當的距離來觀照或省察。蘇格拉底曾經有句名言：「哲學家是萬有的旁觀者。」我們不是有一句名言「當局者迷，旁觀者清」麼？正因爲哲學家們用旁觀者的態度觀照萬物，他們觀察所得比一般人陷溺其中的感受是有所不同的。一般人對現實的體察，總離不了「苦樂」、「實用」或「利害得失」的態度，往往因爲切身利害的關係而對現實的眞相及道理之所以然都沒法看清楚。哲學家和常人態度最顯著的不同，就是撇開了實用的態度來看人生的實相。正因爲這個緣故，他們才能「安貧樂道」，才能「視富貴如浮雲」。儒家雖然是一套很入世的哲學，但儒者們（不是俗儒、陋儒啊！）都能以超脫的態度看現實。我們看論語所記載的顏回：「一簞食，一瓢飲，居陋巷，人不堪其憂，回也不改其樂。」這種態度，就是不把飲食富貴看作切身的要求，所以顏子能不改其樂。那些超脫現實功夫達到爐火純青的，更能置個人生死於度外。杜蘭氏（Will Durant）在他的「西洋哲學史話」（A Story of Philosophy）導言裏說：「我們對於無可奈何之事，要能一笑置之，即使死亡也不例外。」莊子喪妻，鼓盤而歌，一點也不覺得悲傷。他的朋友惠施竟懷疑他對太太沒有眞正愛情。其實哲人到了洞穿萬物事理的境界，已經超乎愛限、喜悲、得失、毀譽、成敗、存亡等世塵俗務之上。莊子對這種哲學修養境界，有下面一段的描寫：

『至人神矣！大澤焚而不能熱，河漢沍而不能寒，疾雷破山風振海而不能驚。若然者，乘雲氣，騎日月，而遊乎四海之外，死生無變於己，而況利害之端乎！』

這境界眞超脫極了！但這是一般人做得來的嗎？當然哲學不是人人都可以學得來的學問，但我們求學的時候，一定要選取人人皆能學的來學嗎？人人都可以學得來的，也許沒有什麼意義了。而且，當我們還未學成的時候，誰也不能保證自己將會是一個成功者或是一個失敗者。當我們還未嘗試的時候，怎能以失敗者自居呢？所以，我們先哲描寫的「至人」、「神人」、「眞人」、「聖人」的境界，我們雖「身不能至」，也得「心嚮往之」，好作我們人生努力的一個目標吧。

也許有人會問，哲學家只求超俗現實，把自己從世情俗務和名韁利鎖中解脫過來，這豈不是自私的想法？這應該是一個哲人所應有的態度嗎？但事實告訴我們，中外歷史上所有偉大的哲人，都是抱有救人救世的熱忱的。孔子栖栖楻楻周遊列國，無非想實現他仁政的理想。墨子摩頂放踵，目的在求從博愛來達到天下和平。柏拉圖建立了前所未有的知識觀和宇宙論，目的在使一般人對是非眞僞有所適從。康德（Immanual Kant）一生著書立說，念念不忘爲了解決人類文化重大問題的癥結所在。最超脫的，莫如道家和禪宗了。但老子對社會現狀的批評，志在重建羲皇上人的理想世界，使人民「甘其食，美其服」，獲得與道渾爲一體而純樸恬淡的人生。禪宗的最高境界，是「由凡入聖」，「由聖回凡」，而至於「凡聖同泯」，絕不是個人進了聖道的境界便撇開世界不理。由此看來，超脫現實不一定有「遺世獨立」或對世事「置若罔聞」的意味。反之，你愈能出世，便愈能入世；你愈能超脫現實，便愈能改造現實。只有陷溺在現實不能超脫的人，才對現實麻木不仁，而不能對現實有所批評，有所改造。

以上所述的「窮極源委」、「融滙貫通」，和「超脫現實」，是古今中外哲學家們的最基本態度。不過，一個人往往受先天稟賦及後天環境所限制，一個偉大的哲人許多時也不能就此三者均衡地發展。他們往往特別强調其中一種而忽略其他。有些哲學家特重「窮極源委」（如當代西方的分析學派），有些特重融滙貫通（如黑格爾，懷德海，杜威等），有的特重「超脫現實」（道家和禪宗）。我們初習哲學的人，對這三種態度應該保持均衡發展，正如從事中國古典文學研究的人，對義理、考據、辭章，三者不可偏廢。

現在，我們該談一談哲學的方法了。注重方法是西方文化的特色，哲學也不能例外。方法論（Methodology）已成爲今日西方哲學界的顯學。我們隨便翻翻英文著作中論哲學方法的書，便很容易發現什麼辯證法、批判法、演繹法、歸納法、直覺法、比較法、現象法、發生法等林林總總。現在由於篇幅的限制，作者只選擇幾項最基本和最重要的方法，給初習哲學者作一個簡單的介紹。以下要敍述的，是辯證法、分析法、綜合法，和體會法。

辯證法（Dialetics）是哲學的最基本方法。我在這裏要談的，是蘇格拉底或柏拉圖所用的辯證，近世黑格爾（Hegel）和馬克思（Marx）所談的辯證，只不過是對宇宙的一種看法，不能算是哲學的基本方法。辯證法的希臘文是 διαλεκγικητέυη，原意是對話的藝術，後來被蘇格拉底和柏拉圖用上了，便成爲哲學方法的專門名辭。一般來說，辯證是一種來回往復的思維方式或論辯歷程，通常由兩人對話產生。但超過兩個人的對話或一人獨白亦可以成爲辯證。柏拉圖的對話集往往有三四人參加討論。笛卡兒（Descartes）的「沉思集」（Meditations）是一人的獨白，但他的思維來回往復，正反相生，合符辯證的歷程。辯證法的最終目的是在求眞理，但它的起點是對當下的理論或假設不感滿足而力謀超越。在柏拉圖的早期對話集「斯厄鐵提斯」（Theaetetus），有一個很好的例子。在這對話集裏，他用辯證法來評擊普羅塔哥拉斯（Protagoras）「知識即知覺」（Knowledge is Perception）的謬誤。主要的對話人物是蘇格拉底和青年學生斯厄鐵提斯。蘇氏劈頭便問斯生：「知識是什麼？」斯生列學幾何學及其他科學作答。蘇氏不滿意斯生的答案，解釋他所需求的是知識的定義，而不是知識的例子。斯生便答以「知識即知覺」。蘇氏隨卽分析，知覺只及於無常的現象界，各人的知覺可不必相同。譬如你覺得這房間陰風陣陣，我可能覺得猶有餘溫。眞正的知識要合乎兩項標準：不變的，和無誤的。知覺怎能滿足這兩項的要求呢？斯生再度思索，提出「正確的判斷便是知識」。蘇氏繼續檢討，認爲正確的判斷也不足以構成知識，因爲正確的判斷可以是憑運氣來猜對的。在這對話集裏，蘇氏層層把斯生難倒，這是利用辯證作批判和檢討的應用。但初習哲學的人學習這方法的時候，一定要有求眞的誠意，不能懷着競美好勝的心情，把對方難倒作爲最終的目的。

辯證的過程也可以見於個人的獨白。笛卡兒在「沉思集」裏，首先以「疑」（doubt）來做方法的起步，對周遭一切的事物都懷疑它們的存在。當他正在疑東疑西疑神疑鬼的時候，他猛然問自己：「疑」的本身是不是也是「可疑」的呢？假如「疑」的本身也是可疑的話，「疑」便失去方法上的價值，整個思惟的過程便陷入自相矛盾的狀態。他於是從「疑的本身是否可疑」的問題急轉直下而肯定「我」（即「疑者」）的存在，從而建立他哲學系統的骨幹，這也是辯證思維的運用。

東方思想也許多時表現辯證的思維方式。釋迦的弟子梵志曾有一次在佛祖的面前表現他的智慧說：「一切語皆可破。」佛祖立刻反問：「你這句話是不是可破呢？」梵志不能同答。因爲若答以：「不可破」，便陷於自相矛盾。若答以「皆可破」，「一切語皆可破」這句話也可以破，剛才所說的便沒有什麼意義了。佛祖的話，是要使梵志認識自己意見的限度，不要對自己的偶思一得自滿自足，從而追求更廣大更高深的眞理。上述的例子是佛祖對弟子施用辯證的教訓，但眞理是沒有尊卑輩分的區分的。在「六祖壇經」裏，我們可以看到五祖被六祖辯證法難倒的對話。當六祖惠能到黃梅寺求道拜見五祖的時候，五祖對他說：「你是南方人，而且是獦獠，怎可以成佛呢？」惠能不管尊卑，只憑他對佛學的粗淺了解，立刻作下面的同答：「從地理來說，人有南北之分，但佛性是不分南北的。從體型來說，獦獠和和尙可能不同，但從佛性來說，他們又有什麼不同呢？」五祖聽了，不予作答，但心內折服，立即下令收留他作弟子。

讀過莊子的朋友們大抵還記得「秋水篇」有一段有趣的對話：莊子和他的朋友惠施在濠水橋上散步。莊子俯覽橋下的風景，看見許多白魚逍遙地游來游去，不禁讚歎：「這些魚快活極了。」惠施聽了立即問說：「你又不是魚，怎麼會知道它們快活呢？」莊子立即同答說：「你又不是我，你怎曉得我不知道它們快活呢？」這也是辯證的運用，層層作超越的反詰。不過，我們不可不知道，徒然懂得辯證法不一定便能走上哲人的途徑。假如沒有求眞的誠意，辯證法是很容易淪於詭辯或變成概念遊戲的。

也有思想家在運用辯證的時候，早已成竹在胸，有了自己一套確立的理論。對他們來說，辯證法已經不是尋求眞理的工具，而是用來攻破敵論的一種手段。這種辯證的運用，在柏拉圖對話集屢見不鮮，在孟子一書也常常可以見到。在「滕文公」篇，我們發見一段很有趣的對話。有一個年青學生名叫陳相的，從許行那裏學了一套理論，在孟子面前極力鼓吹許行「帝王宰相都要耕田」的說法。孟子聽了，大大不以爲然，便用辯證的方法難倒陳相。他劈頭便問：「許行吃的都是自己種的穀米嗎？」陳相說：「那當然。」孟子又問：「許行穿的都是自己織的布嗎？」「不，他穿的只是毛布。」「許行戴帽子嗎？」「是的，他戴帽子。」「戴什麼帽子呢？」「白絹製的。」「這都是自己織的嗎？」「不！是用穀米換來的。」「爲什麼他不自己織造呢？」「他要是自己織造的話，便妨害他耕田的工作了。」孟子又問：「許行用鐵鍋和瓦罉燒飯嗎？他用鐵製的農具來耕田嗎？」「是的。」「都是他自己造的嗎？」「不，是用穀米換來的。」到了這裏，孟子立刻把握機會向陳相痛斥許行的道理：「你用穀米來換取耕田和炊飯的用具，便不算是對陶冶工人的剝削。那麼，陶冶工人用他們製成的器具來換取穀米，難道是對農夫剝削嗎？再進一步說，爲什麼許行不兼做陶冶工人，什麼都在自己家內製備，何苦要不厭其煩的到處向他人購買呢？」陳相答說：「各種工人的行業實在不簡單，許先生是不能一面耕田，一面兼做其他行業的。」孟子立即駁斥說：「那麼，做帝王宰相治理天下的，便可以一面治理天下一面從事耕作嗎？我們應當要知道，那些不在位的，固然有他們應當做的事。但那些在位從政的，也有他們的政事。我們絕對不能要求一個人能懂百般技藝的。假如什麼用具都要自己製造，我們便栖栖惶惶不可終日了。……」從上面的對話，我們可以發現辯證法用作暴露對方理論的矛盾是很奏效的。但從另一角度來看，也可作爲啓迪後學或開悟對方的一種方法。這是哲學方法的教育功能。

其次我們要討論的是分析法和綜合法（analysis 和 synthesis）。這兩種方法雖然由柏拉圖的辯證法分化出來慢慢演變成，但應用的範圍已不限於哲學部門了。分析法的應用範圍較廣。一切自然科學，社會科學，以至於各種人文學科，無不應用分析法。分析法的主要功能，在辨同別異，剖析疑義，以求達到最高的準確性和明晰性。數年前，作者在美國加州三藩市參加一個學術年會。那時，三藩郊區一帶的地下鐵路網剛完成，成爲一般人閒談的話題。在一個閒聊的場合，作者其中一友人說：「要是我們能從這裏開鑿一條地下鐵路穿過地心直通亞洲，這便是最好不過的了。」話題於是轉到這一條地下鐵路的可能性問題。其中一位敎邏輯的朋友堅信這是可能的。但一位退休的工程師極力反對，說這是完全不能構想的。兩人辯了差不多一句鐘，不分勝負，然從才要求作者主持公道。作者於是指出，問題的癥結在「可能性」一詞的曖昧。根據現代分析學派的解說，「可能性」（possibility）一詞可有三種不同的意義：㈠邏輯上的可能性

(logical possibility)，㈡經驗上的可能性 (empirical possibility)，和㈢技術上的可能性 (technical possibility)。從邏輯的觀點來看，只有自相矛盾的 (self-contradictory) 才是不可能。「圓形的方桌子」是永遠不可能的，因爲這是概念上的自相矛盾。要是不自相矛盾的話，什麼東西都有邏輯上的可能性。從加州到亞洲的地下鐵路在邏輯上沒有自相矛盾，所以在邏輯上說這是可能的。但邏輯上的可能並不一定是經驗上的可能或技術上的可能。「一個身高二十丈的人」在邏輯上並沒有自相矛盾。但在我們人類的經驗裏從沒有這麼高的人，而且二十丈和我們一般人的高度相差太遠。所以從經驗的立場，這是不可能的。這個不可能，用英文說，是 very unlikely 的意思，和 logically impossible 在語意上截然兩樣。至於技術上的可能，是根據我們目前的科技水準來立論的。邏輯上可能的，技術上不一定可能。目前在技術上不可能的，等到將來科技進步會變成可能亦未可知。從這三種不同的可能性的分析，便可以看出那邏輯教師和那工程師爭論點的所在了。一個說的是邏輯上的可能性，一個說的是技術上的可能性。要是他們的「可能性」得不到妥當的分析和解說，他們的爭論是可以永無休止的。由此看來，分析法是我們思想上的一項很重要的方法，初習哲學的人，應當在這方面多下功夫。

至於綜合法，許多初習哲學的人都莫明所以，原因是「綜合」一辭可能引起許多日常經驗的聯想。在臺灣的日用語裏，有所謂「綜合市場」，「綜合診所」，「綜合燴飯」等等。這些日用語裏所說的「綜合」帶有把許多東西湊集起來的意味。但作爲思想上的基本方法，「綜合法」不僅是「總括起來」或「拉雜成章」的意思。綜合法是融滙貫通集「衆多」於「一」的方法。我國前輩學者如梁漱溟、錢穆、方東美、唐君毅、牟宗三諸人都喜歡用這方法。但對初學的人來說，最好避免。運用這種方法的基本條件，是先對該門學問已有融滙貫通的見識。有了該門學問的通識之後，再從對通識的沉潛體會而獲得一新認識或一新概念，然後利用這新概念來解釋博雜繁複的現象。這是「以簡馭繁」、「納衆多於一」的方法。作者在一九六八年冬在「國際哲學季刊」(International Philosophical Quarterly)所發表的「從東方立場看當代西方哲學」(Contemporary Western Philosophy from an Eastern Viewpoint)用的便是這種方法。作者用「對明晰性和穩定性的追求」(Search for Clarity and Certainty)一觀念解釋全部西方哲學。數年前作者在臺大當客座期間（一九七六——七七），在「哲學與文化」一九七七年元月號發表的「兩種不同的心態」一文，也是用這種方法，用 wonder（兼驚奇、好奇、探究諸義）和 concern（兼關懷、顧慮、憂鬱諸義）解釋人類文化的分歧多端，從而解釋中西文化差異的所在。這種方法的優點，是表現學有所得，發前人所未發；但缺點是往往操之過簡而容易以偏概全，流於武斷。

我們最後要討論的是「體會法」。「體會」是從直接經驗領會原理或從躬行實踐來證明理論的方法。要是沒有這一項方法，哲學便很容易流於不着實際的理論架構。我們的先哲有鑒於此，特別提倡身體力行的重要性。朱熹教人爲學的方法是：「博學之，審問之，愼思之，明辨之，篤行之。」王陽明更進一步說：「知是行之始，行是知之成。知而不行，便是不知。」現代美國哲學中的實踐主義(pragmatism–國人誤譯爲「實用主義」)認爲理論的妥當性，須得從實踐來證明。儒家的「仁」，基督教的「愛」，佛教的「慈悲」，都經無數的信徒們躬行實踐，才能把他們的至理發揚光大。哲學起源於對經驗的反省，但反省之後所得的結果，若不能用之於經驗，或和經驗的本質大相逕庭的話，我們便不得不檢討和批判了。我們從邏輯推理達到的結論，是否在實踐上行得通呢？是否有益世道人心呢？一定要付之於實踐才能獲得眞正的答案。其實，我們對經驗的反省，也是從體會或實踐開始。我們要是對人生經驗沒有什麼體會，縱使在思辯下過不少分析綜合窮極源委的功夫，到頭來只是沉溺在觀念的遊戲罷了。不過，我們要知道，「體會法」和上述各項方法迥然不同。上述各項方法以知識的活動爲主，「體會」包含情意的成分。知性的活動比較有路可循，比較容易傳授，情意的活動有賴意志的鍛鍊和性情的陶冶。因此「體會法」在西洋哲學根本不算是一種方法。但這是我國哲學傳統的特色。我國的聖哲，不尙理論的空談，重視對人生直接的體會，從而躬行實踐他們所篤信的理論。「體會」和「直覺」不同。「直覺」只是一種認知的過程，還未可以作爲一種方法。在「體會」的過程固然有直覺的成份，但純粹的直覺還未足以稱爲「體會」。除了直覺的成份外，「體會」還可以容納辯證、分析，和綜合等歷程，輔以「欣賞」，「參與」，「冷眼旁觀」，和「設身處地」等情意活動。惟有透過「體會」，哲人的理想才不致空懸，哲學的價值才能實現。

三、研究的步驟和途徑

論語記載孔子自述他爲學和做人所經歷的幾個階段：

『吾十有五而志於學，三十而立，四十而不惑，五十而知天命，六十而耳順，七十而從心所欲不踰矩。』

上面的人生六階段是孔子對他自身過去經驗的描述，而不是對將來計劃的方案。每一個階段的成就，究竟是他下決心要獲致的呢？還是無意碰上的呢？要是每一階段都是有計劃修行的成果，究竟和原定的計劃有多少出入呢？關於這些問題，我們無法找得答案。其次，我們還要提出一個更重要的問題：究竟孔子所述，只能代表他自身修爲的成就，還是可以應用於其他德學雙修之士呢？是不是人人都可以經歷孔子上述的六階段呢？我們細心想想，「不惑」，「知天命」，「耳順」等人生境界，不見得是一般人可能獲致的。至於「從心所欲不踰矩」，更是「高山仰止、景行行止」了。由此看來，孔子自述爲學做人的六階段，似乎不大可以適用作我們爲學和做人的有效指針，只可作爲引發我們的遐思，提高我們的理想罷了。

我們現在需要的，是研究哲學的指路牌。從中國哲學的立場來看，哲學的研究不應和人生實踐脫離，德性的修養未嘗不是研究歷程的重要一面。可是，時至今日，哲學的研求都以講堂上的講授和書本的內容爲主。大學裏的哲學系從沒有因學生未能將所學付之於實踐而不准畢業的。哲學教授也極少因學生德行有問題而打不及格分數的。所以我在這裏討論的，是以學術研究的範圍爲主。我們研究哲學，大抵要經歷些什麼步驟，要走些什麼路子呢？

民初國學大師王靜安（國維）先生在「人間詞話」裏有一段很富啓示性的話：

『古今之成大事業大學問者，必經過三種之境界：「昨夜西風凋碧樹，獨上高樓，望盡天涯路，」此第一境也。「衣帶漸寬終不悔，爲伊消得人憔悴，」此第二境也。「衆裏尋他千百度，回頭驀見那人，正在燈火闌珊處，」此第三境也。』

這一段話對做學問三大階段描寫得傳神極了。王先生引用北宋詞人的名句來譬喻每一階段的相狀，可謂匠心獨運。一個初入門的，必須對那門學問有一個全盤性的了解，有那些書要精讀，有那些要涉獵，有那些要常備參考。好比一個人在西風凋碧樹後（那時可以望遠些），獨上高樓，望盡天邊的道路。要是一個人不曉得天邊的路究竟多遠，只管走眼前的，到頭來可能走不下去，或半途折返，白廢精力。這一個階段，是初學者大開眼界和計劃將來的時期，計劃有多少書要讀，有多少學科要修，有那幾門功課一定要努力念好。臺省國立師範大學國文系一向都設有兩門主要入門的課，「國學概論」和「讀書指導」，都對初學者有極大的幫助。可惜我們大學裏的哲學系只有「哲學概論」，沒有「讀書指導」一類的課。這一來，帶領學生入門的責任，幾乎全落在「哲學概論」老師的身上。敎這一門課的老師，是不是有帶領學子們同上高樓望盡天涯路的興趣和熱忱，要看學子們的運氣和機緣了。

爲學的第二個階段，是「鍥而不舍」、「旦暮追求」的時期。好比一個人已經有了愛的對象，寤寐求之，爲其消瘦，爲其憔悴。當我們對一門學問着了迷的時候，到處都有該門學問的影子。只要能在該門學問有所寸進的時候，我們可以不惜任何代價來獲取。作者當年在師範大學受文字學大師高笏之（鴻縉）先生的感召，對文字學着了迷。知道唐蘭的「中國文字學」和馬敘倫的「說文研究法」是好書，但那時兩書都絕了版，無從購買。作者托友人輾轉借來，逐字抄寫，縱使花了不少的精力和時間，但樂在其中，從無悔倦之意。我們哲學界老前輩牟宗三先生在懷德海和羅素合著的數學原理（Principia Mathematica）出版未久的時候，因爲沒有錢買洋書，迫得逐頁謄抄，逐項命題演算，這正是「衣帶漸寬終不悔，爲伊消得人憔悴」的好榜樣。一個成功的學者，絕不可能在「吃軟飯」，「坐安樂椅」，「打高爾夫球」，或「搓麻將」的生活方式下孕育出來的。

王靜安先生所描寫的第三個階段是學問成熟而有所開悟的階段。當一個學者到了有所開悟的時候，可能左右逢源，觸類旁通，無入而不自得。這個境界中的意態，有時像「踏破鐵鞋無覓處，得來全不費功夫」，有時像「山窮水盡疑無路，柳暗花明又一村。」杜子美說得好：「讀書破萬卷，下筆如有神。」前一階段是「讀書破萬卷」，這一階段便是「下筆如有神」了。我們要記住「一分收穫，一分耕耘」的教訓，要是沒有第二階段孜孜終日屹屹窮年的努力，第三階段的境界是不會達到的。

第三個階段的境界是極難言說的，當學有所得而有所開悟的時候，斜陽芳草尋常物，信手拈來，都成妙句。但這種境界是不能强求的。除了苦功之外，當然還靠幾分天分和際遇。天分低的，或際遇壞的（如碰上了導入迷途的老師），可能下一輩子苦功也達不到這階段。天分高，際遇好，而功夫未够的，也不容易到這種境界。至於第二個階段痛下苦功的經驗，要靠爲學者本身的自動自發。這階段的獲致，得力於情意的成分較多，認知的成分較少。因爲情意爲主的緣故，別人是不能替你安排，强迫你去苦幹的。只有第一階段我們還可靠別人，靠一位好的老師，靠一本好的概論課本，或靠一本什麼「要籍導讀」的參考書。換句話說，一個初學者要倚賴的是一位熱誠而可靠的嚮導，把他帶上高樓，讓他有機會望盡天涯的道路。

在哲學這個境域裏，究竟天邊的道有多少？有多遠？那一條是通衢？那一條是窮巷？那一條是康莊平坦的大道？那一條是峻峭難攀的險途？作者願意把二十年來治學和敎書所體會的心得，貢獻給有志研究哲學而尚未入門的讀者。

第一，初入門的，千萬不要走偏僻的蹊徑。近世的學術風氣，無論中外，都有急功近利的傾向。許多人爲了加速成名或快一點拿到學位，往往走沒有人（或極少人）走過的路。走前人未走

者。其中不少在某一家的哲學下數十年的工夫。他們不但對那一家派的哲學非常精通，而且往往推崇備至。初習哲學的許多時聽了教授在堂上對某家哲學推崇而一心嚮往，從而努力專研那一家的哲學。可是，當我們還未攬通思想流變而且對哲學各部門未有通盤認識的時候，便要專研一家哲學，可能導致流弊無窮，因爲專治一家哲學之後，便戴了有色眼鏡，不容易發見其他哲學家派的優點了。近年來在我國思想界康德備受推崇，原因是有幾位老前輩專研康德之後大力提倡，並且主張透過康德來重建儒家思想。我絕不反對人們研究康德，我自己也曾專心地研習他的思想，曾將他的三大批判，一頁一頁從頭到尾看完（時在一九六三年）。但是我們若因過分推崇康德而致於忽略對康德以後（或以前）哲學的研究，那便遺害甚大了。而且，我們若利用康德哲學來重建儒家思想，到頭來只會把儒家思想弄得中不中，西不西，甚至於面目全非呢！治專家哲學好比攀登峻峭的高峯，登臨其上，有睥睨千古而羣山皆在我脚下的氣慨。一個學問通識不够的人若養成這種態度是非常危險的。治學的初步應該盡量環遊世界，擴充視野。泰山絕頂，峨嵋巓峯，高聳峻峭極了，但平地的世界，才是我們安頓的處所。我們爬登極峯之後，還是要回到平地來的。

第三，初習哲學的，除了「哲學史」及「哲學方法」兩門之外，千萬不要急於專精其中一門（像美學、倫理學等）學問。許多人以爲念哲學和習科學一樣，選取一門自己喜好的力求專精。但我們千萬不要忘記，哲學和科學不同。哲學是力求融滙貫通的學問，廣博的基礎實在要比力求專精重要得多。初學者在大學的講堂裏，許多時受了執敎專科的敎授的影響，很容易對該門學科發生濃厚興趣，希望馬上獲得專門研究的機會而成爲該門學問的專家。這種「一見鍾情」而急於「付託終身」的現象，實在非常普遍。這象徵着年青人求學問的熱誠，本來無可厚非。但作爲一個任重而道遠的智慧尋求者，太急於「付託終身」是一種無謂的犧牲。專精得太早往往會阻礙廣博而均衡的發展。作者有不少朋友在念大學時便醉心於一門學問，後來到美國留學只好「殺錮」而歸。因爲美國的博士班課程非常注重均衡發展，尤以哲學的博士班爲甚。博士班的學生要通過一個全面性的統考才准從事專門的研究，撰寫博士論文。作者有一位朋友在大學時因爲醉心於邏輯而對其他學科幾乎完全忽略。後來他到了美國以邏輯著名的哲學系當研究生，並跟從某邏輯大師選修其課，而且準備寫有關邏輯的博士論文。但學制規定要統考及格才得算是博士候選人，才能開始做論文的研究。結果因爲兩次統考落第，他縱然見賞於那位邏輯大師也只好含淚告辭，收拾行裝東歸。因爲他沒有資格繼續做那邏輯大師的門生了。

以上所列學的治哲學三戒，是專爲中國讀者而說的。美國大學裏的研究生許多時犯第一戒，因爲他們急功近利力求早有所成的緣故。但他們很少犯第二戒和第三戒，因爲一來他們大學教育非常注重通才和通識的陶冶，二來他們的大學極少有講演動人的敎授（因爲敎學法以討論爲主，講演爲輔），把學問通識基礎未穩的學生帶到自己專精的領域裏。縱使有在講壇上引人入勝的敎授，美國的學子們也不會像我國的大學同學那樣尊師重道對老師所說深信而不疑。而且，在美國大學的哲學系，一般來說，每一位老師都有博士學位，和中國大學裏師資參差不齊造成一兩位大師獨霸學壇的現象簡直完全兩樣。由於教授的水準比較均衡，學生不容易被一兩名「野心勃勃」的老師帶進窮巷。當然，跟隨自己敬愛的老師去攀登泰山絕頂或峨嵋巔峯的機緣也簡直等於零了。那麼，治哲學的正途是什麼呢？作者不想繼續嚕嗦地說敎，直截了當地提出四項基本條件，作爲有志研習哲學者的參考。這四項條件是：①懂語文。②通方法。③察流變。④明大勢。以下分別給予簡明的解說。

①懂語文：根據作者個人爲學的歷程，最迷惘而最不愉快的讀書經驗是憑着中文翻譯本去了解西洋哲學的義理。什麼「理型」、「單子」、「統覺」、「先天綜合」、「本體論證」等名詞，像大珠小珠落玉盤似的，到頭來這究竟是什麼珠兒都摸不着頭腦。其次，翻譯本常常充滿着冗長的句子，像鐵路上七八十卡車組成的列車，當你看到列車的後半時，前半早已溜去無踪，或過了淡水河，或已退隱在森林裏。你於是迫得再從頭看起。許多時，一個句子看了兩三遍還是莫明所以一個句子也看不通，對全書的了解還有什麼希望？讀哲學和讀小說不同，讀小說遇到生字或看不懂的句子時，你可以擱在一旁繼續前進，不會對全書的了解發生嚴重的障礙。但讀哲學便不能享有這種特權了。這種困難的所在，固然是來自哲學題材的本身。但翻譯本句子生硬而冗長的問題，往往是中外思惟方式和語文習慣不同所致。一個精通了外國語的哲學學者，要是他不留意中外思想方式和語文習慣的歧異，是很難把一本西洋哲學著作翻成可讀的中文的。那些對外國語還未攪通或對作品義理尚未充分了解的翻譯者，翻成的作品縱使不誤盡了天下蒼生也徒費讀者們

的精力和時光了。

有志研究西洋哲學的同學們，最好攪通洋文。最理想的當然是希臘、拉丁、德文、法文、英文，樣樣都通。這個理想可能高不可攀，太不切合實際了。但作爲最低限度的條件，搞通英文是非常必要的。

不過，話又要說回來。我們若要等到精通了英文才開始念西洋哲學，可能一輩子也進不了門。因爲精通一國的語文，也恐怕至少要花十年八年的功夫才行。短短幾十年的人生，還有多少歲月剩下來去鑽研哲學呢？而且我們把求學的黃金時代用於作爲工具的語文上面，未免捨本逐末太不切實際了。根據作者的經驗，最妥善的辦法，是找到一本好的用英文寫的哲學入門書，逐句精讀。這個辦法，可以使進修英文和研究哲學一起進行。一箭雙鵰，何樂而不爲呢？

以上的話，都是爲有志研習西洋哲學的人說的。那麼，對有志研究中國哲學的人又如何呢？作者的答案也是「懂語文」爲先。不過語文的要求不是洋文，而是中國的古代文字罷了。要研究中國思想，一定要上溯源頭，精讀先秦思想要籍。要是讀者沒有文字訓詁的基礎，先秦典籍是不會無師自通的。許多人惟有求助於註解，但沒有文字訓詁基礎又未受過讀古書訓練的讀者，可能連註解也看不懂呢！這一來，只好求敎於「白話句解」了。根據作者的探究，坊間的白話句解雖然不少是苦心經營的製作，但許多都是「粗枝大葉」或「想當然爾」的產品。我相信大家都記得這幾句古訓：「取法乎上，僅得乎中；取法乎中，僅得乎下。」我們若取法乎下，將會得些什麼，實在不問可知了。所以作者鄭重地勸告有志研習中國哲學的朋友們，一定要把文字訓詁基礎打好，先秦典籍才能無師自通。在大學裏肄業的，最好到國文系選修一兩門文字學以及一些古籍選讀的課程。只有這樣做才能養成閱讀原典的能力，才能上溯學術思想的源頭，抓住中國哲學眞精神的所在！

②通方法：自從西風東漸以來，學術界中人不少從事中西文化比較的討論和研究。縱管他們的研究成果各自不同，似乎有一點是大家公認的，就是我們在「方法」方面不如西方。老前輩的學者都很多積極提倡方法的重要性，其中以謝佐禹（幼偉）先生最爲積極。謝先生從香港中文大學退休後，在中國文化學院擔任哲學研究所所長之職，爲研究生設了一門「哲學方法」的課。民國六十五年（一九七六）年作者返國到臺大當客座，恰值謝先生辭世。代理所長吳怡先生請作者繼謝先生而執敎「方法」一課。那時，其他大學的哲學系還沒有開哲學方法的課。作者於是繼謝先生之後大力提倡方法。在六十六年二月號的「哲學與文化」發表了「論治哲學的門戶和方法」一文，提倡用方法意識代替門戶意識，頗引起哲學界中人的注意。其後在中國哲學會年會發表以「哲學敎育改進的我見」爲題（此文及前文均收入拙作「比較哲學與文化」，東大圖書公司出版），繼續提倡方法的重要性，頗引起學術界的反應，據說輔仁大學哲學系員生曾開會討論這篇文章。作者回到美國不久，從友人的通信知道輔大哲系已增開「哲學方法」一課，由系主任張振東敎授親自任敎。其後再到臺訪問，知道臺大也開了「思想方法」一課，由劉孚坤敎授擔任。他

們的教學成果如何，作者遠處異邦，無從知道。作者在這裏不想重複上述兩篇文章的內容，也不想再複述上一節論哲學方法的題材，只想提出兩點補充一下：

第一，方法是不能離開內容來談的。要是離開內容來談，縱使不流於空洞無物，也會變成枯燥無味。對方法的研究，最好從名著的閱讀入手。上一節所列舉的哲學方法中，以辯證法和分析法最重要。研究辯證法是絕不能離開題材（實際的例子）的。讀者最好選取柏拉圖的對話集來研讀，把注意力集中在他所用的方法。我們不必同意他的結論，但他的方法，正是哲學入門的階梯，我們千萬不要忽略。那些篤好中國文化有志研習中國思想的，可以精讀孟子，其次便是荀子和墨子。柏拉圖、孟子諸哲人，從現代專家的觀點來看，可能也犯不少邏輯的毛病。不過初學者暫時不要對前人苛求和挑剔，最好等到學問成熟些才對前人批評，太急於批評是會妨礙我們智慧發展的。美國青年學子專犯這種毛病，我們應該引以爲戒。對辯證法有了基本認識後便當注意分析法。研究分析法應先學好基本邏輯。學好基本邏輯以後便可以選讀一些專用分析法的名家著作。英文著作以何士伯（John Hospers）的「哲學分析導論」（Introduction to Philosophic Analysis）爲最好。中文著作以陳百年（大齊）先生的「名理論叢」和「孔子學說論集」爲初學者最佳的榜樣。

第二，雖然西方文化在方法論（methodology）方面的確有很大的成就，值得我們效法，但我們的文化對方法上的獨特見解也有些很值得西方人效法的，可惜我們一向都忽略了。謝幼偉先生批評中國思想只有「武斷的直覺」一種方法，這是站在西洋哲學的立場來看，未能欣賞中國文化中能對方法有所貢獻的地方。中國文化是藝術型的文化，和西方科學型的文化有顯著的分別。從科學型文化的觀點來看，藝術型的文化可能一無是處。但從藝術型的文化本位來看，科學型的文化也可能流弊百出。我在這裏的文化兩大類型的區分，不是作嚴格的劃定。中國文化也有科學，西方文化也有藝術。兩者的區別，只就精神型態焦點所在來討論而已，以後當有詳細解說。在這裏我要特別强調的是，在藝術型的文化裏，我們都很注重「沉潛體會」和「潛移默化」的方法，這都不是西洋文化的所長。不過我們怎樣把我們的方法宏揚，建立我們自己的一套方法學，便有待我們這一輩的學人和後繼者的努力了。

③察流變：研究科學的人可以從現代科學入手，對前人的貢獻可以一概少理。一個物理學者極少追溯到亞里士多德的物理學去作窮極源委的研究，一個數學系的大學生也不必念數學發展史。但哲學便不同了。哲學是融滙貫通的學問，不只是橫的觸類旁通，藉以融合其他學科，而且還要縱的體察流變，藉以對思想的傳乘和消長，作一以貫之的理解。這一條研究途徑可以說就是哲學史的研究，西方哲學史的名著實在多得很，但適合初習哲學的却極少。羅素（Bertrand Russell）的「西方哲學史」（A History of Western Philosophy）目的在抒發自己一家的見解，對西方哲人的學說誤解曲解頗多，極不宜於初學。德國學者文德爾班（Windelband）及俞伯維（Ueberweg）所著的西方哲學史是學術上的名著，初學者也不易看得懂。根據作者調查

研究及敎學的心得，對初學者最好的英文本哲學史是薛理（Frank Thilly）和吳德（Ledger Wood）兩人合著（本爲薛氏著作吳氏增補）的「西洋哲學史」（A History of Philosophy）說理簡明扼要，文筆清暢動人，讀者可以進修英文和研究哲學雙管齊下。若嫌這書簡略，可以用郝普頓（Frederic Copleston）十大册的英文本哲學史來補足。郝氏是天主敎神甫，但學術態度嚴謹，極少把個人敎會的立場作爲評述他人理論的根據。加以文筆清晰流暢，敍述條理分明。雖然卷帙浩繁，研究哲學的人，實在少不了它。

至於中國哲學方面，哲學史的著作在質和量方面都遠比不上西方哲學。馮友蘭氏的「中國哲學史」，本是粗枝大葉的著作，大量引用原典來充塞篇幅，對哲學問題並沒有仔細的分析。可是數十年來，在中外學術界一提到中國哲學史，就提到馮氏的著作，這是非常可悲的現象。最近一二十年以來，港臺兩地也有一兩種中國哲學史敎本出現，其中一著者更向馮氏作不留餘地的批評，可是還奪不了馮氏的地位。原因是要後來居上，一定要內容及文章都要遠勝前人才行。目前輔仁大學校長羅光總主敎的中國哲學史已出版，我還沒有機會精讀一遍。但我讀過他其他的書，覺得他文筆清暢，說理簡明，頗便初學。聽說目前還有幾位名學者在撰寫中國哲學史，用功頗勤，相信在不久的將來中國學術界會產生比美郝普頓及薛吳兩氏的著作了。

在大學裏念哲學的同學，除了注重方法及哲學史外，在中國哲學方面，應盡量把握機會選修有關哲學史的專門課程。舉凡「先秦諸子」、「魏晉玄學」、「隋唐佛學」，和「宋明儒學」，都應盡量選修。那些主修別的學科而對中國思想有興趣的，至少要選「先秦諸子」一課。中國哲學的源頭在先秦，正如西方哲學源頭在希臘一樣。先秦中的要籍，尤其是儒道兩家的著作，都應該讀到朗朗上口而後已。

④明大勢：我這裏所用「明大勢」三字，是「明當代哲學大勢」的縮寫，是爲了陪襯以上三個字的標題而作的。當代哲學大勢也可以分中外兩方面來討論。國內學者們大抵對國內思想界的大勢都很熟悉，但沒有出過國門的學者（除了少數的例外）對西方哲學大勢可能會陌生些，近年來國內哲學界很喜歡談比較哲學，但我們若對西方學術界的大勢沒有一個明確的了解，我們的精神和功力可能白費。作者返臺當客座期間，在某哲學雜誌讀到一位青年作者論比較哲學的文章，取材於許久以前夏威夷大學系主任穆查禮（Charles Moore）的著作，並且據穆氏的觀點來評論一位比穆氏功力較深而且見解較勝的中國學者的理論。穆查禮的貢獻，不在學術，而在「學術組織」。他是數屆東西哲學會議的主辦人，但他的學術見解非常幼穉，這在美國人所共知。而他的比較哲學的觀點，帶有西方人的優越感，往往用特殊技巧來抹殺東方思想的獨特價值。國內那位青年作者不察，竟據穆氏的理論來發揮，藉以批評一位對提倡中國哲學有貢獻的學者，豈非自壞長城，自掘墳墓！這些都是不明瞭世界學術大勢而引起的愚昧行爲，我們實在不可不愼！

近年來有學者提倡透過康德來重建新儒學，認爲康德是西方最偉大的哲學家，康德以後沒有哲學。這種影響可能流毒甚大。國內青年學子，都不大明瞭西方哲學的現勢，要是有一位哲學權威提倡「康德以後無哲學」的怪論，青年學子們可能深信不疑，從而養成了漠視當代哲學的態度，不但趕不上時代，而且很容易被這種權威性的邪說帶進學術的窮巷。爲了這緣故，作者特別對國內有志研習哲學的青年們給予最忠誠的勸告，對西洋哲學現勢的認識，千萬不要隨便盲從，一定要親自體察西方二十世紀的思想世界。有關二十世紀西方哲學的著作，有兩本非常值得我們一讀。其中一本是李維氏（Albert William Levi）的「哲學與現代世界」（Philosophy and the Modern World），另一本是丙路德（Luther Binkeley）著的「何去何從」（Conflict of Ideals: Changing Values of Western Society）。這兩本書都曾在臺翻版，相信國內大學的圖書館都可以找得着。讀完這兩本書對西方二十世紀思想界的大勢應該有一輪廓的認識，雖不中，亦不遠矣。

以上所述，實在是作者個人治學所經過的歷程。作者不好攀高峯，也不走偏門，所走過的全是康莊的大道。不過，這不是速成的捷徑。我們需要恆久、忍耐和百折不撓的精神，才能走得完這天邊漫長的道路。朋友們，勉勵啊！

四、比較哲學十戒

(一) 引論

我在大學和研究所讀書的期間，從沒有修過名叫「比較哲學」的課程。可是三年前，當我應臺大哲學系的邀請回國當客座教授的時候，系主任給我排了「比較哲學」一課，據說是應同學們的需求來安排的。那時我內心眞有點急懼，因爲我在外邦執教十多年，從沒有開過這門課。但在「盛情難却」和「徇衆要求」下，我只好硬着頭皮步出舞臺來獻醜了。

由於講授這一門課的需要，我在課餘之暇積極地反省和研究，寫成一些有關「比較哲學」的論文和講稿，再加上以前發表過有關中西文化的幾篇論文，集成一册，以「比較哲學與文化」爲題，由東大圖書公司出版。自此以後，不少人把我當作「比較哲學」的專家看待。最近「出版與研究」（六十八年六月號）登載王讚源教授給我訪問的談話記錄，竟冠以「比較哲學的健將」的標題，我不禁有點惶惑。我從沒想到要在這一門學問出風頭的。我從讀中學到大學畢業這一段時期，是以繼承整個國學的統緒來作爲學指南的。留美的期間，研究的重點在當代西方哲學，我的博士論文是寫有關邏輯理論的，和「比較哲學」實在很難扯得上關係。所以我絕不敢以「比較哲學」的專家自居，我更不敢引別人給我的高帽子自炫。我偶然闖進了「比較哲學」大厦的前院，還沒有登堂，更談不上入室。也許等一會靜悄悄地從大門溜走，去繼續探究宇宙和人生的歷程。

這一篇文章應友人主編的某雜誌創刊號執筆。恰巧我在暑期返國渡假，行篋無書，無從作深入的研究。我本來在哲學方法的研究有點心得，應該在這方面着筆，但在兩年前在國內已發表了一篇論比較哲學研究方法的文章（註一），這裏不能重彈舊調。惟有仿章實齋「古文十弊」的方式，寫成「比較哲學『十戒』」一文。讀者們千萬不要以爲我在逞弄權威，頒佈敎條。這十項戒條和摩西十誡不同。摩西十誡由上帝頒佈令全體猶太民族遵守奉行，而上帝本身是不會觸犯戒條的。我這裏提出的十項戒條，只不過是數年來的研究經驗和靜思一得罷了，旣沒有宗敎的絕對性，而我自己也不能保證不會觸犯。要是讀者諸君在我的文章裏發現我違反戒律提出指正，只要是證據昭彰、言之成理，我也一樣俯首認罪。學術上最高的權威是理性，甚麼「大師」也當屈服於理性之下，何況一個正在墾荒的園丁呢！

我現在先把這「十戒」的名稱列舉出來，以下再分項略爲闡述。這「十戒」是：㈠不察行情。㈡爭長競短。㈢門當戶對。㈣金磚砌牆。㈤架牀叠屋。㈥浮雲遮月。㈦辣手摧花。㈧輕重不衡。㈨先賢今服。㈩張冠李戴。

第一戒：不察行情

從事比較哲學研究的學者一定要視野廣濶，而且對國內和國外的研究行情（出版界的著作及其價值）要認識清楚，才能避免閉門造車的狹隘和井底之蛙的淺見。我們要是不知鈴木大拙等人的著作，以開天闢地的精神把禪宗要籍和思想介紹給西方讀者，到頭來可能白費精力或事倍功半。我們要是不知道邏輯實證論在西方已過了時，在我們的研究努力中有意或無意地爲這過時的學派來鼓吹，結果只有貽笑方家及貽誤後學。

不久以前，筆者在國內讀到一篇有關比較哲學的文章，內容取自美國夏威夷大學已故哲學系主任穆查禮（Charles Moore）的著作。穆氏的貢獻，不在學術，而在學術組織，其著作中的見解，幼稚平庸。不幸的是，那篇文章的執筆者竟據穆氏的理論來向別的學者批評。大抵國內能看得到的世界性的圖書和刋物太少了。在國內研究比較哲學，備受客觀條件的限制。我唯一的建議是，國內學者應和國外學者常保持連絡。國內哲學界刋物，應常備專欄，請國外學者執筆，介紹國外研究的行情。

第二戒：爭長競短

學術的研究，應盡量力求客觀，訴諸理性，切忌意氣用事，爭長競短。西方的學術界在早便以「客觀」和「理性」作討論學術的標準，我國的學者們似乎還未能做到平心靜氣、實事求是的地步，前一輩的學人，可能因爲文化意識强，民族自尊心濃厚，認爲中國文化無論在那一方面都比西方文化高一等。當筆者師範大學畢業考進香港新亞研究所的時候，有一位學術界大師，在上堂講課時，動輒拍案大罵西方，說道：「這個西方人又不懂得了！」「這個是西方文化沒有的！」那時筆者聽不慣（其他同學亦然），惟有盡量逃課。

當筆者在「哲學與文化」發表「杜威思想的重新認識」（註二）的時候，輔仁大學柳嶽生教授隨着以讀後感的方式發表「孔子與杜威」一文，充分表現他的衞道和愛國的熱忱。筆者後來寫了一篇「孔子與杜威」回答，但總覺得柳教授爲中國文化爭長競短的意識濃厚，妨礙了討論學術的自由。這怎麼說呢？「孔子與杜威」一題，是柳教授定的。這是一個輕重不衡（見第八戒）的題目。孔子的地位，在目前的自由中國，是不容許批評的。這不是官方規定，而是民衆的半宗敎意識。杜威在美國，只是哲學界的「匹夫」，一點神聖的地位都沒有，縱管柳敎授怎樣批評杜威，學術界和社會人士絕不會替杜威說話來向柳敎授反駁。要是我對孔子稍作批評，「侮蔑先賢」和「厚誣古人」的帽子立刻戴到我的頭上了，說一句坦白的話，我和柳敎授討論「孔子與杜威」是永遠沒有眞正結論的。因爲題目是他定的，而他的文中充滿了衞道的熱忱。我對孔子向來服膺，但我覺得要把一個民族的聖人拿出來去把他邦的「匹夫」壓倒，根本便沒有學術討論可言。我一向反對藉學術之名來作非學術性的爭長競短的。

第三戒：門當戶對

「門當戶對」的謬誤，在比較哲學的園地最為常見。這謬誤的形成，分別來自兩種不同的心理，一種是上文所說的「爭長競短」，另一種便是「推己及人」的想法。由於爭長競短的動機，逐漸發展成「別人有的我也有」的心態。邏輯一向不是中國人所長，中國哲學的長處也不在邏輯（指西方式的 logic 而言）。可是有些學者為了替中國文化爭體面或急於在學術界成名，用盡心力來發掘中國思想史上類似討論邏輯的材料，用西方哲學的方法為之建立系統，使先秦名家的斷簡殘篇公然和亞氏邏輯分庭抗禮。這種做法表面看來是在學術上立下汗馬功勞，但事實上很容易把學術研究導入迷途的。大凡一個文化傳統，都有異於其他文化傳統的特性，一個文化傳統具有的條件，不必為另一文化所有，西方文化中的分析方法和邏輯系統是西方文化獨特的產兒，正如美國人日常食譜中的炸洋山芋、漢堡飽，和牛排一樣。我們絕不能因為美國擁有漢堡飽便說我們也有。我們食譜的特色在北平塡鴨、宮保雞丁之類，難道我們的食譜沒有漢堡飽便比他人遜色嗎？因此我們研究比較哲學的，應該要戒除「別人有的我們也當有」的態度，不然的話，我們便很容易犯「無中生有」或「濫製中國漢堡」的謬誤了。

「門當戶對」的推理方式，許多時是出自好意的，宗教是西方傳統文化不能缺少的因子，但我們傳統文化沒有什麼正式的宗教。許多西方學者認為一個健全的文化不能沒有宗教，從而推斷中國文化也必當有宗教。這一來，我們的儒家和道家都被他們當作宗教了。再進一步，有些西方學者（甚至有些西化的中國學者）竟以爲道家思想的「道」，相當於基督教的「神」或「上帝」了。這一點「門當戶對」或「道即上帝」的謬誤，作者已在他的英文著作中嚴正地指出，這裏不作重複的解說了（註三）。

第四戒：金磚砌牆

人類文化的創造，本來是基於衣、食、住、行四大要求的。居住方面，除了求遮蔽保護之外，還要求美觀和舒適。近代室內設計技術一日千里，人們想出了很多的辦法來求舒適和美觀。除了精心的間隔外，設計師還利用壁紙的花樣，燈光的明暗，和特殊設計的衣櫥來滿足人們的要求。可是，時至今日，在人類的文明史上，還沒有一棟房子的牆壁是用金子砌成的。那麼，我們用「金磚砌牆」一成語，究竟是什麼意思呢？

大凡哲學方面的文章，不管是介紹他人學說或是發表一家之言，都應以通達流暢和說理清晰作最主要的標準。至於辭藻瑰麗，用字雕琢，及造句凝鍊，根本是次要的條件，要是我們寫說理文只管辭藻斟酌，拚命追求字句的美麗，便要犯「金磚砌牆」的毛病了。「金磚砌牆」一成語，象徵着「以辭害意」和「華而不實」的意思，在年青一代學人裏的著作，極少犯這毛病，可能因爲他們的國文修辭造詣不深的緣故。在老前輩學者的哲學著作中，便不難擧出一兩個例子來了。已故的吳康先生，學貫中西，著作等身。但他的文章，駢四儷六，讀來令人一唱三歎，把讀者們的注意力帶到辭藻上頭去，義理却抛在腦後了。在年青一代學者中的中文著作，筆者找不着例子來。但筆者友人唐力權博士，習哲學前精讀英國文學著作，其英文瑰麗無比，一九七三年在芝加哥舉行的亞洲研究年會，在「中國思想中的『愛』」一節目中，唐君宣讀一篇「柏拉圖的 Eros 和孔子的仁」，聽起來悠揚悅耳，令人擊節稱快。主持這節目的張婉辛教授聘了筆者和陳榮捷老先生作評講員。陳老先生幽默地說：「唐教授的文章，精美絕倫，讀來有正反皆眞的感覺。」（英文原文是 The reverse can also be truth 意即謂持反面理由者若能寫成如此文章亦可令人信以爲眞。）

第五戒：架牀疊屋

「金磚砌牆」是指辭句過分雕琢，「架牀疊屋」是指概念架構（Conceptual framework）過分複雜。有些哲學家能用普通的語言來說艱深的哲理，但有些哲學家非另造新詞自建概念架構不可。後者最顯著的例子是康德、懷海德，和海德格。這三位哲人的著作，筆者都曾下過一番功夫來研究。這三人都是西方哲學史的巨星，但絕不能作爲我們（天才者及性近者例外）模倣的對象。要是今日還有學者效法這三人獨創新詞自立架構，恐怕也不易在學術界出頭。縱使出了頭，也可能被人認爲「標新立異」和「巧立名目」。

話又得說回來，語文的詞彙是有限的，而我們的哲學思惟是翻陳出新、生生不息的。一個偉大的思想家往往感覺現行的詞彙不够應用，勢非創造新詞不可。這個說法是對的，但我們要謹守一原則——先儘量利用現有的詞彙。現行詞彙中找不着適當的字語，而新創的概念的的確確是有意義和價值的時候，我們才可以創製新詞。筆者所反對的不是新詞，而是不必要的新詞。

同理，筆者並不反對自建概念架構，而是反對架牀叠屋式的概念架構。換句話說，我在這裏要提倡的是「簡易原理」。眞理是平易近人的，我反對把平易近人的眞理說得非常艱深，我反對不必要的概念架構，因爲不必要的概念架構把求道者困惑住，不讓他從容地找出眞理來，正如「五燈會元」所說的：

一片白雲橫谷口，

幾多歸鳥盡迷巢！

一個複雜的概念架構好比橫亙在山谷口的白雲，把眞理的道路堵塞住了。其實眞理不在複雜的架構中，而在於「驀然回首，那人正在燈火闌珊處」的一刹那。

第六戒：浮雲遮月

眞理本來是平易近人的，有些哲學家用架牀叠屋的概念方式說得高深莫測，也有些哲學學者用神秘的語調說到玄之又玄、不可思議。在我國的哲學傳統裏，第一個哲學家把眞理說到玄之又玄的大概是老子，他在道德經一開頭便說「道可道，非常道。」他以後給道的描寫，不外是「玄之又玄，衆妙之門」和「道之爲物，惟恍惟惚」的說法。這種虛渺的解說方式，堵住眞理的大門，使熱心的求道者覺得高不可攀而望洋興歎。

我記得幼年讀蘇軾的前赤壁賦，讀到幾句很有深意的話：「惟海上之清風，山間之明月。耳得之而爲聲，目寓之而成色，取之無盡，用之不竭，是造物者之無盡藏也。」造物者沒有私心要把眞理隱藏起來，正如清風明月任由我們享用一樣，可惜有時明月被雲遮蔽住了，使得我們的眼前昏暗無光，一位誠心的求道者一定力求「雲開見月明」的。

鈴木大拙在比較哲學（或「比較宗教」）是一位開山祖師。但他把禪宗介紹給西方讀者，用的完全是「浮雲遮月」的手法，他把禪說得神秘莫測，好令西方人一心嚮往而寤寐求之。但從學術的立場，這是不可爲法的，筆者在最近出版的英文著作 CLARIFICATION AND ENLIGHTENMENT 最後一章闡釋「頓悟」的時候，便指出鈴木這種「浮雲遮月」的技倆，不能促使學術進步，爲使「雲開見月明」計，筆者用自然主義和人文主義的立場和方法，揭開了鈴木給禪宗加上的一層神秘面幕（註四）。

我國研究比較哲學的學者，有時少不免要談境界的高低。間中更有少數學者用「境界高低」來跟外國人爭長競短。可是「境界高低」一詞已帶有不少藝術的神秘色彩。若用這一招式來介紹中國哲學給西方讀者，西方讀者是不能了解的。他們會問：什麼是「境界」呢？高低的標準在那裏呢？我們要是不能清楚地回答這兩個問題，最好避免用這一類藝術性的神秘述語。

第七戒：辣手摧花

有些學者在從事比較哲學研究的時候，爲了要美化他們自己喜好的哲學（或美化他們自己的哲學），不惜將相提並論以資比較的哲學全面毀容或醜化一番。羅素的「西方哲學史」常常將其他哲學家的學說曲解和醜化。杜威筆下的康德，竟是一位捍格不通的思想家。邏輯實證論者筆下的傳統哲學是詩人的囈語。當年陳獨秀筆下的孔子也是被毀容的。最近李敖出版的「獨白下的傳統」也是辣手摧花下的產物呢！

在前輩愛國學人中，在比較哲學最有貢獻的，可算是方東美和唐君毅兩位先生了，方先生的英文本中國人生哲學（The Chinese View of Life），在闡述中國哲學的時候，都以西方哲學爲背景而逐項比較，藉以顯中國哲學的優點。當他敍述中國宇宙觀的時候，有意强調生命的宇宙觀，所以特別選出西方哲學中的唯物機械論作爲背景。唐先生的「中國文化之精神價值」幾乎全部是用襯托比較法寫成。論宇宙觀一章，和方著有異曲同工之妙，把西方傳統的機械論作爲闡述中國宇宙觀的背景。他們兩人用襯托比較法來闡明中國哲學精神，對中國傳統文化的提倡和重新估價，貢獻極大。但他們的比較法，雖然未至於「辣手摧花」，但未盡公平和客觀的能事。唯物論和機械論的宇宙觀，早已在西方哲學界過了時。從二十世紀初至今，從柏格森，亞力山大，摩根，到懷海德，出現了生命哲學的大主流，我們爲什麼不把這類哲學當作西方哲學的代表，而偏要强調他們過了時的機械唯物論呢？

本年初筆者讀聯合報副刊，發見一位哲學前輩在批評美國國策的時候，把杜威氏也拖出來駡一頓。大抵在二十世紀的西方哲學家當中，杜威氏是受中國學術界誤會最深的一個，也是最多人「辣手摧花」的對象。國人談到杜威的時候，總喜歡把「重功利」「愛實效」等形容詞來把他醜化一番。這種「辣手摧花」的手法，對學術的進步是一種極大的障礙物，我們學術界中人應引以爲戒！

第八戒：輕重不衡

「輕重」兩字在這裏的含義，是哲學家在文化傳統所佔有的地位而言。上文（第二戒）所學的「孔子與杜威」是一個典型的例子。縱管孔子和杜威在學說上頗多相互呼應之處，但因爲他們兩人在文化上的地位懸殊，我們實在不容易作平心靜氣的學術討論。孔子是中國文化的開山祖師，是萬世師表，是至聖先師。他在中國文化的地位，和宗教主不相伯仲。杜威氏只不過是二十世紀美國哲學家而已。縱管杜氏在哲學的貢獻多大，他在人類文化史影響的久遠和深廣的程度，很難和孔子分庭抗禮。這題目在美國學術界還可以有點討論的餘地，因爲美國人只有二百年的歷史，沒有文化上「先聖」和「前賢」的觀念。也許在美國學者的心目中，孔子和杜威都是哲學圈子裏的一介匹夫而已。這題目在中國學術界便很棘手了，因爲孔子的地位是聖人，對孔子稍作學術上的批評便很容易惹上「厚誣先聖」或「侮蔑傳統」的官司了。

另一種輕重不衡的方式是由於先制定題材（例如「時空觀」）然後再來作中外比較研究。許多學者把孟子和亞里士多德相比，要是我們定「孟亞二氏時空觀的比較」，縱非緣木求魚也是事倍功半。亞氏時空觀見於他的「物理學」和「形上學」二書，孟子七篇實在沒有什麼論時空的話，我們怎可以作比較呢？一九六九年在夏威夷大學舉行東西哲學會議的大會主題是「疏離（Alienation）問題的東西比較」。這是一個以西方人爲本位的題目，「疏離」在今日的西方，是個極嚴重的問題，但在東方文化還未算是什麼問題呢？我們從事比較哲學研究的人，最好不要選擇這種輕重不衡的題目，以免徒費精力。萬不得已要「奉命」作這種題目的時候，也得仔細斟酌，萬勿輕率從事！

第九戒：先賢今服

我們在闡述古人學說的時候，往往不自覺地運用現代的方法和觀點，這本是無可厚非的。但有時因爲過份的渲染或急於把古人現代化，而至於我們所述說的和古人學說的眞面目全不相同，這便是我所說的「先賢今服」的謬誤，「先賢今服」一詞，只不過是權宜性的用法。我在一九六九年「新士林」（New Scholasticism）發表的一篇英文論文裏稱之爲 Fallacy of Modernizing Ancestors，不易中譯，所以借用「先賢今服」來作權宜性的譬喻，希望讀者們不要計較字面意義的正確性。

在「新士林」發表的文章裏（註五），筆者盡擧當代希臘哲學學者如 A. E. Taylor 等人對柏拉圖「共和國」第六卷中知識論所闡發的謬誤。他們最大的錯誤，是把柏拉圖的數學觀用現代數學的性質來解釋。柏氏所見到的數學，主要是歐基里德幾何學和與經驗不能截然分離的算術。新數學最主要的特性是能和經驗完全脫離，成爲純理的演繹系統。但我們不要忘記，新數學不過是十九世紀下半期和二十世紀初期的產物罷了。柏氏根本不知道這種新數學，那裏可能根據這種數學來建立他的數理哲學呢？

同理，孔子怎樣偉大，也不是現代人物，我們千萬不要因爲尊重他便說他是「科學的提倡者」或是「民主制度的創立人」。「科學」和「民主」是現代化的口號，不是先秦的產品。孔子的偉大，也不在於提倡科學和民主，他對中國文化的貢獻，可能要比提倡科學和民主大得多，我們何必要把古聖人帶到現世來隨俗浮沉呢？這不是尊崇他，而是侮蔑他的人格罷了。

第十戒：張冠李戴

半世紀以來，在中西文化交流的激蕩中，比較文學和哲學研究的都不乏人。但這方面的學者不少人犯上一個毛病，喜歡把西方名詞套上中國文化現有的材料，像「寫實詩人杜甫」和「浪漫詩人李白」等，簡直比比皆是。我們應當知道，當我們給一位文學家或哲學家冠上派別名稱的時候，我們對他的了解立刻受了很大的限制。杜甫的作風何只是「寫實」？李白又何只是「浪漫詩人」？而且西洋文學和哲學派別稱謂的名詞，其本身的內涵和指稱的對象都很難確定。例如「唯心論」一詞可用於柏拉圖、柏克萊、康德、黑格爾，和羅益世諸人，但他們哲學的體系和風格都互不相同，當我們應用「唯心論」一詞來描寫某些東方思想的時候，我們究竟說的是那種「唯心論」呢？

「張冠李戴」，按照字面上來說，是把張某的冠戴到李某（指另一人言）的頭上去，我上面所學的例子（用西洋名詞施於中國文學或哲學的例子），是符合這成語的含義的。那麼利用中國本來派別的稱謂（如「儒家」「道家」等）冠於一位中國思想家或文學家頭上去，有沒有犯「張冠李戴」的毛病呢？有的。只要是「名不符實」的話，便犯這個毛病。筆者在一九七三年美國比較哲學學會宣讀論文之後，美國與會學者提出討論毛澤東思想與中國傳統銜接問題。座中夏威夷大學教授賓德（F. Bender）竟然說：Mao Tse-tung is a Taoist。筆者立即反駁，指出賓氏的謬誤（註六）。這一個例子充分顯出美國比較哲學學者的幼稚和倚賴派別稱謂的心理。沒有了派別指謂的稱呼，許多學者便不能從事學術研究了。他們都是名相的犧牲品。一個有眞才實學的學者是能超越名相指謂的。我們縱使離不了名相，也不要犯「誤把名相當實體」的毛病（註七）。

(二)餘論

我這一篇文章，寫來頗有點吃力。這在「擬題」和「佈局」的時候沒有預想到的。由於篇幅的關係，我覺得捉襟見肘，未能暢所欲言。要解說詳盡，在理論方面充分發揮，恐怕寫一戒也要佔和本文同等的篇幅。其次，這一篇文章是批評性的，要是充分發揮和暢所欲言的話，眞不知要開罪多少同道了。在中國學術界，人際關係是一個非常敏感的問題，而中國學術界似乎對「批評」還未衷心接受。中國學者們大抵受了「隱惡揚善」古訓的薰陶，還未能盡量發揮「批評」的功能來促使學術進步。「批評」和「攻訐」或「詆譭」不同。「批評」是基於理性的要求，「攻訐」本於情緒上的憎恨，可是在中國學術社會裏，往往兩者混爲一談。你若好意批評別人，可能被認爲是惡意的攻訐。尤其是受批評者是個老前輩，他的生徒們一定羣起「衞師」，向「老師」的「仇人」羣起而攻之了。

我希望我這一篇文章沒有招怨樹敵，縱使讀者們認爲有點尖酸刻薄，也請多多包涵。我寫作本文的動機，絕不是向同道挖苦來自我炫耀，而是給青年一代(尤其是大學生們)讀者未雨綢繆的準備。站在教育和學術的立場，得罪了三幾個同道也應在所不惜，要是出版界只有「奉承」、「唱和」，和「捧場」而沒有批評的文章，學術界也不能有什麼進步。

朋友們！請指敎，請批評！學術的園地是公開的！

註釋

註一　見「比較哲學與文化」第一篇。

註二　見「比較哲學與文化」第七篇。

註三　見作者 Understanding Taoism 一文，收入 CLARIFICATION AND ENLIGHTENMENT: Essays in Comparative Philosophy, University Press of America, 1978，現由作者授權東海大海出版部在臺印行。

註四　見 CLARIFICATION AND ENLIGHTENMENT 最後一章。

註五　"A Note on the Third Section of the Divided Line," NEW SCHOLASTICISM, 1969

註六　筆者對此謬誤的批判，見 "Understanding Maoism: A Chinese Philosopher's Critique," 收入 CLARIFICATION AND ENLIGHTENMENT. 一書。

註七　此相當於懷海德之 Fallacy of Misplaced Concreteness 見其「科學與現代世界」第三章。

第三部 雜著篇

一、一名之立，旬日踟躕

——讀劉厚醇先生文有感

不久以前讀中央日報副刊（三月廿一日）劉厚醇先生「談翻譯之難」一文，觸發起一些個人從事翻譯經驗的回憶和感想。數年前一國際性刊物請筆者翻譯唐君毅先生一篇論中國宇宙觀的文章，筆者花了幾個月的時光，把唐文中的文句分析多遍，肯定每句的含義後，再用英文重新表達出來。在翻譯的過程中，常常遇到有些根本不能用英文表達的詞語，像「感通」、「融攝」、「虛以涵實」之類，往往踟躕旬日才確定英譯的用詞。因此我非常同意劉厚醇先生的說法，「寧可自己寫十篇而不願爲人翻譯一篇」。

劉眞先生的文章可算比唐君毅先生的著作容易翻譯得多。筆者也曾讀過他的大文「教書匠與教育家」，覺得文筆流暢，說理清晰，並沒有唐先生文章的紆迴曲折和「惟恍惟惚」的感覺。可是這篇文章帶給翻譯者的麻煩也够多了。最難譯的可能是這文章的標題。這題目中包涵兩個名詞，一個是「教育家」，一個是「教書匠」。「教育家」還算有現成的英語詞彙——Educator。但「教書匠」一辭却傷透腦筋了。正如劉厚醇先生所說，「教書匠」在我國是個常用詞，但在英文的詞彙裏極難找到一個恰當的用詞來表達其全部的涵義。經過幾番思量和斟酌，劉厚醇先生決定用 craftsmanlike teacher 來做「教書匠」一詞的英譯。

筆者對這個英譯未敢苟同。craftsman 只是「匠」的一種，而這詞含義和「教書匠」一詞中「匠」字的含義略有出入。「教書匠」的「匠」，含有英文 technician 的意味。正如劉厚醇先生所說，「教書匠」在中國是個幽默的貶辭。這一詞在一般日用語裏是指某一種教師。這種教師有的是教學方法和技術，接受過專業的訓練，但缺乏高遠的理想、教育的情操，和宗教的熱忱。這一辭實在象徵「缺少了什麼」，而不是象徵「有些什麼」。Craftsmanlike teacher 一詞並沒有表達這個意思出來。再其次，我們如果把這詞從英文再翻回中文（假定不知道「教書匠」是它的原文），我們很可能翻為「像個工藝品工人的教師」，便和「教書匠」的原意相距很遠。此外，在中文題目裏，「教書匠」和「教育家」都是三個字或三個音節，非常工整和對稱。若翻成 Craftsmanlike Teacher and Educator，便顯得非常笨拙生硬，失去了原來的工整和對稱，而呈頭重尾輕的現象了。

為了保持題目的工整和對稱，並使西方讀者能對文題一目了然計，筆者大膽地提出將題目翻成A Teacher and an Educator，然後由譯者加註補充說明原文「教書匠」一辭的含義。其實，就筆者的觀察，劉眞先生文中的「教書匠」就是指 teacher，尤指 professional teacher 或 teaching professional，並沒有什麼貶抑的意味。根據劉先生的說法，一個好的教書匠要具備：(一)法定的教師資格，(二)豐富的教材知識，(三)純熟的教學方法，和(四)專業的服務精神，這簡直是作爲一個好的教師應具備的條件。所以筆者認爲不必刻意求工把 craftsman-like 加在 teacher 的前面。這一點是筆者個人的微薄建議，還希望兩位劉先生及海內外讀者們賜正。

談到翻譯，却是一件批評容易而創作艱難的工作。翻譯實在比自己寫作難得多。所以嚴復翻完「天演論」便有「一名之立，旬日踟躕，我罪我知，實存明哲」之歎。筆者翻譯的經驗，實在比劉厚醇先生少得多。倘若要筆者把劉眞先生的文章翻成英文，恐怕至少要費時半個月，而且錯漏必不能免。筆者讀此文時非常受作者的識見和教育熱忱所感動，曾一度想將此文翻成英文而感有心無力。今劉厚醇先生居然將此文全部英譯，實爲可喜之事。近年來教育哲學園地裏好的作品實在是鳳毛麟角。劉眞先生積多年教育行政及教學經驗，寫成這一篇融貫理論與實踐的文章，可以作爲今後教育界的南針。這一篇多年來罕見之作，若不翻成英文，至爲憾事。

翻譯一事，並不是中英文(或其他外文)好便可以做得來，這也需要專業的訓練。數年前香港中文大學新亞書院成立了翻譯系，由筆者友人孫述宇先生主持系政，成績卓者。我國大學如臺大、師大、政大亦當急起直追，成立翻譯系，或在外文系成立翻譯組，予學生們專門的訓練。要是能做到這一點，對我們將來的中西文化交流，一定有很大的貢獻。

（一九七七、六、二十九）

我罪我知實存明哲

——答謝吳森先生——

劉厚醇

寫稿的人第一擔心寫了稿不能發表，第二擔心發表之後沒有人看，第三擔心人家看了沒有反應。今天接到六月廿九日中央日報航空版，副刊上有吳森先生大作「一名之立旬日踟躕」，對拙稿「談翻譯之難」（三月廿日中副）加以精確的批評，非常感激。

拙稿記述把劉白如（眞）先生的大作「教書匠與教育家」英譯所遇到的一些困難。當時因劉先生之命，勉爲其難，雖然盡力翻譯了，可是並不稱心。所以寫那篇拙稿，是向劉先生道歉的意思。那篇稿子本來是打算在「中國語文月刊」刊載的，劉先生轉交給中副發表了。數日後接到中央日報時，赫然賤名在報，大喫了一驚。三月廿五日紐約中國新聞處招待來紐參加亞洲學會會議的我國學人，我敬陪末座，有很多位提到拙稿所提及之困難，成了茶餘酒後的談資，實非初料所及。不過因此而得到很多有價值的指教，却是意外的收穫。

「教書匠」一詞的譯成 Crafts-manlike teacher，的確如吳森先生所說，第一、原文此詞「實在象徵『缺少了什麼』，而不是象徵『有些什麼』。」第二、用了這個多音節的詞，未免有些「刻意求工，便顯得非常笨拙生硬，失去了原來的工整和對稱，而呈頭重尾輕的現象了。」第三、「這詞含義和『教書匠』一詞中『匠』字的含義略有出入。」以上吳先生所指教的三點，眞是「三刀六洞」。（因有三點，不便用「一針見血」。此處用「三刀六洞」是說這三點十分洞貫、洞達、洞徹、洞曉，吳先生之洞鑒，使我非常洞洞也。）

以前在中副刊載的拙稿，多次有人在中副撰稿研討及批評。有幾次撰稿回答，中副未予刊載。爲了免得撰稿者誤以爲我不理人，借此機會一併答謝如后：

㈠拙稿「意譯音譯的傳思類型」——中冠英先生「外語的誤譯」，漁樵先生「優雅的傳思類型」，林克承先生「傳思類型乎？」朱文長先生「傳思類型乎？撞死雷神乎？」。

㈡拙稿「數典忘祖」——郁曾祚先生「成語的陷阱」。

㈢拙稿「從荆軻刺秦談起」——王貽善先生「資治通鑑不含糊」，鍾雷先生「關於五世相韓」。

㈣拙稿「科學中文化與中文科學化」——周南山先生「從白馬非馬談起」。

吳先生珍貴的批評與指教，我十分感激，寫此答謝。吳先生大作中提到嚴幾道先生之「一名之立，旬日踟躕。我罪我知，實存明哲。」就借用下句作爲文題，表示知罪。

一九七七、七、二、紐約長島　一九七七、七、二十一

二、靈根自植百年樹，攻玉何必待他山

——敬答張尙德先生

九月十四日的晚上，宋載炎夫人打電話來告訴我，九月八日和九日的中央日報副刊登載一位張尙德先生的文章，題爲「他山之石可以攻玉」，其實是給我「比較哲學與文化」的評介。我問她：「張先生評我怎麼樣？」她答說：「他對你的評價很高呢！」第二天的早晨，她把那兩天的中央日報送來，我一口氣讀完了張教授的文章，內心感激之餘，覺得心頭有許多話要說。勉強提起許久沒寫中文的筆桿，隨便寫一點感想，以酬張先生的雅意。間或有和張先生立論不同的地方，諒張先生不以爲忤吧。

張先生的大文，除了對拙著作評介外，看來是另有題旨的。他在這一篇文中，引用了不少拙著的文句來呼籲國內哲學界人士的大團結，眞是用心良苦，這和我的立場完全一致，我本來沒有什麼話可說。不過他認爲「留居外邦的學人，比我們懂得互助互愛」這一點，我却不敢苟同。據我個人留美十八年來的觀察，他們的互助互愛，往往是小圈子中人的互相標榜。同爲國內某大學

出身的或是同出某大師門下的，他們眞的有互助互愛的表現。但對不是同出一門或同出一校的，縱不互相猜疑，也以淡然置之。據說美東某學人編纂有關中國哲學書目的時候，他同門師兄弟的著作，不管文筆如何拙劣，立論如何膚淺，都盡量收在書目裏面。那些非同門學人的著作，縱令已在學術界發生很大的影響，卻不被書目編者所採入。（也許他不知道有此項目。）這種同門互相標榜的作風，在以往中國學術界很盛行，不少前輩學者藉此成名的。近年來在國內學術界似乎漸漸消除，但在留美哲學圈子裏的中國學人，似乎還積習未改，最可憐的是到美國後才改習哲學的學人，既沒有門戶可倚榜，也沒有小圈子可以參加，在學術界孤軍作戰。縱有成就，沒有同門師兄弟爲之捧場，只有藉着「文章千古事，得失寸心知」的銘言，來作自我的安慰。

張先生呼籲國內哲學界大團結，筆者是十分贊同的。但千萬不要以美國哲學界的中國學人作模範。在留美學人當中，不少是「機會主義」的躬行實踐者：有爲了長期居美不惜誣譭國府名譽的，有爲了得寵於彼邦權威學者而不惜詬罵中國傳統的，有爲了沽名釣譽而隨波逐流向「毛皇朝」叩頭的，有爲了研究補助費而甘爲共黨理論作宣傳的。有一位在出國前頗有志氣的青年學者，留美後因爲英文不好出不了頭，在中國學術界又因徇私而聲名掃地，竟於今年八月經香港朝貢僞皇朝去了。由此看來，我們的哲學界能夠以留美的中國學人作模範嗎？說一句衷心的話，要是國內讀者賞識我，是因爲我對中西文化和哲學有不少新見解，我便感激萬分。但若國內讀者賞識我，只不過是因爲我是留美學人的話，我便引爲奇恥大辱了。

由於拙著在比較哲學方面美國哲學份量較重的緣故，引發張尙德先生對國內哲學界的批評和建議。他認爲國內哲學界對美國哲學不够重視，原因可能是執敎大專西洋哲學的敎授們多半是留歐的。在美國拿到博士學位的，早在彼邦應聘，所以我們向美國學習的機會太少。這一點觀察是不錯的。但張先生根據這點觀察，呼籲「各哲學系多聘幾位留美執敎的學人同國講學」。這一點，本人不敢完全贊同，理由也比較複雜，請讓我慢慢道來。

我首先要說明的是，從美國大學拿到博士學位留美任敎的中國學人，不見得一定懂得美國的文化或美國的哲學。許多到美國留學的中國學人，爲了急功近利，只好利用祖宗遺產來博取一個洋學位。就中習哲學的，實在不少避重就輕，投機取巧之士。在美國中國學人的博士論文當中，研究西洋哲學的已不多見，研究美國哲學的爲數更少。他們的論文雖然用英文寫作，但內容往往是中國的東西。從先秦諸子，魏晉玄學，隋唐佛學，宋明理學，以至康有爲、梁啓超、熊十力等，都可以作爲換取博士銜頭的基本工具。當年胡適之先生不是靠先秦名學來獲取美國導師們的認可嗎？近年來用中國材料寫論文的更多的是。他們拿了博士學位，應聘於美國大學，也是靠販賣祖宗的遺產以謀一立足之地。美國大學聘任他們，也是因爲他們來自中國，懂一點中國文化的緣故。（其實他們中許多都沒有什麼國學底子。）極少中國學人在美國大學開高年級西洋哲學課程的，在美國大學講授美國哲學的，簡直是鳳毛麟角。筆者在美國大學執敎美國哲學十數年，還未遇見一個中國同道，反而在臺遇見在美專習美國哲學而歸國任敎的郭博文敎授。由此可見，聘請在美國任教的中國學人回國講學不見得就是介紹美國哲學進來或是向美國文化請教。倘若國內的讀者們認為我懂得美國哲學，主要原因是留美任教十餘年的話，我眞要慨歎「知音稀」了。

我們還要進一步問：從來沒有出國留學的學人，是不是就不懂西方文化呢？國內大學美國哲學和歐洲哲學的教席，是不是一定要留美和留歐的學者才能勝任呢？換句話說，那些沒有留過歐美的學者，是不是對歐美哲學的了解，都不如曾經留學的學人呢？近年來國內大學哲學研究生的論文，很多都是以當代歐美專家哲學為題的。學子們醉心於找一位西方哲學家來作研究對象，本來無可厚非。但是，我們為什麼只曉得康德、黑格爾、杜威、羅素、懷海德，和海德格等西方哲人，而對當代的中國思想家置若罔聞呢？難道我們中國的思想界貧乏至一無可取的地步嗎？

張先生大文的題目是「他山之石可以攻玉」，題旨是不言而喻的。然而，我們的哲學界半世紀以來，求助於「他山」的實在太多了。從五四運動開始，西方的哲人像杜威、羅素、柏格森、懷德海、海德格，和胡塞爾等，都曾闖進我國學術思想的大門來。他們替我們的思想界做了些什麼？我們曾好好的利用「他山之石」來發掘我們的寶藏嗎？我們能甘心情願，長期性倚賴「他山」，而不開發自己的田園嗎？我在臺大當哲學系客座敎授的時候，許多同學和同事提議我把杜威重新介紹過來。有的提議介紹懷海德，有的提議介紹頗蘭義（Polanyi）。我都向他們一一致謝。但我不願我國思想界重走舊路，專門倚賴「他山」。我們要從今天開始，開拓我們自己的田園，自植靈根（唐君毅先生語），十年樹木，百年樹人，使中國哲學的未來，獲得正當的歸宿，晶。大體來說，此書可分三部份：㈠中西文化的比較，㈡中西哲學的比較，㈢對我國哲學界的期望。

㈡中西文化的比較

要對中西文化作一比較，首要條件爲客觀而冷靜的瞭解雙方文化的長短得失，所謂「中學爲體，西學爲用」或其它什麼的，都是陳腔濫調。吳教授對中西文化的內容，是做過一番親歷其境之深刻體會的。家學淵源之外，還受學於已故文字學大師高鴻縉先生及剛去世不久的哲學大師唐君毅先生，在美國留學深造的時候，一心一意去學習西方文化，拿了博士學位後還去修法律的課程。對西方文化，尤其是美國社會，體察入微，觀微知著。然而，他的文化立場，是百分之一百中國文化本位的，說是中國文化本位的，意在强調中國文化歷五千年，自有其某些存在的意義與價值，應將這些價值發揚光大。他也批評中國文化的弱點（如法律觀念淡薄之類），但他把中國文化的精神，發揮得痛快淋漓。尤其是「『情』與中國文化」一文，讀起來令人對中國文化有無限的依戀，無怪這篇文章在香港首次發表之後，在臺轉載有四次之多。「從『心理距離說』談到對中國文化的認識」一文，把中西文化精神作「畫龍點睛」「提要鈎玄」式比較，雙方文化的短長，不言而喻。「中國倫理的基本精神」一文，則承上文發揮，有發前人所未發的觀點，至於「個人主義與中國社會」，看來是對中國社會的弱點作批評，其實語重心長，盼望國人效法他人之長，不要效法他人之短。這些年來臺灣有許多人在喊現代化，依作者的經驗，現代化不是少數人喊喊就行得通的，必須全國文化界各層都對自己和世界文化有徹底反省，瞭解到那些應該丢棄，那些應該發揚，這樣才能事半功倍，否則你丢他檢，或他丢你檢，如何高叫現代化也無法實現，卽使達到現代化也是沒有意義的，美國不是高度現代化了嗎？何以美國許多學人正在加速學習中國古典文化思想呢？這就是你丢他檢的好例子。

第十二篇論中醫的基本精神，去年七月也曾在中央日報副刊發表，獲得中醫界一致的讚譽，許多中醫師還以爲吳敎授是一位老中醫師，但中醫要能永久存在下去，就必須科學化。

（三）中西哲學的比較

文集中比較哲學部份，似乎偏重美國哲學和中國哲學的比較，而論杜威氏哲學的，佔了三篇之多，不過他曾在美執敎希臘哲學數遍和一度開海德格哲學的課。希臘哲學是西方思想的搖籃，不懂希臘哲學是很難將西方文化和中國文化作比較的，而海德格更是現代最傑出的西方生命哲學家之一，在美執敎的傅偉勳博士就曾以禪宗和海德格哲學作比較，可見現代學人，眼光是放諸四海的，他們都希望從比較中爲人類找出一共同可行的思想方向。

美國是我們多年來的友邦，我們在科技、工業、經濟和教育方面，都受美國的影響很大，中研院近年也增設美國文化研究所。可是，這些年來我們的哲學界對美國哲學簡直採取漠視的態度，臺省四所大學的哲學系都對美國哲學淡然置之，有的人甚至說美國沒有哲學，如果說政治也應有其哲學的話，獨立宣言的內容豈不就是一種哲學。自由與民主是有它的哲學的，作者就曾譯過「自由的哲學」（水牛出版）一書。這種誤解局面的造成，可能有很多複雜的因素，執教大專西洋哲學的教授們，多半是留德、留義、留法、留羅馬、留西班牙的博士，許多在美國拿到博士學位的，（像吳博士及一些其他學者）早在彼邦應聘了。這一來，在哲學這一領域來說，我們向美國學習的機會太少了，這一點，作者極盼教育部注意改進一下。在此附帶一提的是，對中國文化特別是佛學有極深造詣的易陶天博士，在美國竟也寫了有關美國法律的書，可見越對自己文化有深切體悟的，就越易看出他國文化的長處，且能虛心的接受它。其次留歐的學者及我國傳統學人，都似乎看不起美國的文化，尤其是看不起美國的哲學。其實，就本人今歲到美國走馬看花體會所得，美國哲學界是世界哲學的大鎔爐，從希臘到存在主義，甚至東方的儒、釋、道三家，都在美國哲學界有適當的位置。現在美國各大學的哲學系，開中國哲學的，就有近六十位之多，參考書籍之豐富，非國內可比。在學術上美國是從不排外的，今年九月十五日至十七日哥倫比亞大學就將要主辦第一屆國際佛學會議。我們千萬不要故步自封，以爲美國哲學只有實用主義（吳博士認爲此名不妥，應翻作「實踐主義」）和分析哲學，本人極希望留歐的哲學博士們到美國實地考察一

（四）對我國哲學的期望

吳教授對我們國內哲學界的期望是很大的，他返國講學一年期間，發現我國學術界多年來的積弊，門戶之見太深，所以他在「論治哲學的門戶和方法」一文，提倡用方法意識代替門戶意識。「門戶之見永遠是學術進步的障礙物。……我們今日做學問功夫，最好是不講門戶，講門戶只有把我們帶到學術的窮巷，惟有講求方法才能促使學術發揚光大，而垂諸久遠。」（一九五頁）。門戶之見會容易造成「洞穴」之弊，學術就不容易進展！其實在學術上眞有造詣之士，是決不講門戶的，作者所知的方東美和唐君毅先生，就從無門戶之見。

對我國哲學界的改進，吳氏認爲應該從教育做起。課程方面，他認爲要增設哲學方法論及當代問題的課（二六三頁）。教材方面，哲學概論及中西哲學史等教科書，均需重新編訂，盡量選取原典作教材。教法方面，注重學生參加討論。考核方面，注重思考方式及批評方法。錄取標準方面，提高語文標準（二六四頁）。以上各項，都是吳氏返國一年親身體驗實地觀察之後提出的教育方案，也是作者在很久以前就向學校負責教育行政的人士談及過的。

筆者最欣賞的一點，是吳氏對學術風氣改革的提倡。在去年哲學年會的演講詞裏，有下列這一段話：

『研究哲學的同寅們只是閉上門搞自己那一套，都認爲眞理在我掌中，別人的只是「邪說」或「外道」。大抵搞德國唯心論的和邏輯實證論的勢不兩立，而搞存在哲學的和搞分析哲學的也有不共戴天之仇。留歐的譏諷留美的膚淺，留美的批評留歐的迂腐。從未出過洋的道統派譴責留學歸來的崇洋媚外，留學歸來的新進派也以「食古不化」或「閉門造車」等口號作還擊的武器，在這樣的局面之下，學術進步有可能嗎？

要使學術進步，一定要掃除私見，洗心革面。洗滌互相猜疑的心態，革除惟我獨尊的面孔，來從事開誠布公、虛心研究的學術討論。』（二七四頁）。

筆者自去年爲中國哲學會服務以來，卽苦心努力促進中國哲學界的大團結。當然所謂團結並非你我他在學術上都一樣，彼此毫無差異，而是應互相尊重，去掉猜疑。

（五）結　論

吳森教授的「比較哲學與文化」，不僅是研習哲學者可讀的書，就是從事教育行政者，也是有參考價値的。他的文章平易而風趣，立論精闢而公允。尤其是對我國學術界的流弊，一針見血語語中肯的。學術是天下的公器，不是個人的私產，吳教授在文集中第十八篇說的好：

『二十世紀的學術界，是人類經驗縱橫錯綜的場所，我們絕對不可以再遵奉「不出戶而知天下事」的聖旨了，試看當代的偉大哲人，像杜威、懷海德……他們學術上的成就，那一個不是從互相切磋學風下孕育而成的智慧？……所以我們必須要消除「獨善其身」的心態，開創「切磋琢磨」的學風。』（二九八頁）

筆者一向都和吳教授一樣，贊成培養切磋琢磨的風氣，我們國內哲學界不是沒有人才，而是不够團結，互相猜忌，彼此攻擊，使學術上的成就，互相抵銷，互相限制。反觀留居外邦的學人，比我們懂得互助互愛切磋琢磨多了，他們在學術問題的討論上，追根究底毫不留情，但在私下都是莫逆！留美的中國哲學學人，已於今年六月正式成立國際中國哲學會，還請祖國派代表團去參加。現在國內哲學界也已決定明年暑假（七月底）在臺舉行國際性的中國哲學會議，大會主題爲「天人關係」。這是我們哲學界面臨空前的考驗時刻，如此的國際性會議，絕不是三數人便可以召開得好的，一定要全體會員排除私見，通力合作各盡所能貢獻於大會，然後我們的中國哲學才能揚名於國際，因此作者至誠呼籲全國哲學界團結起來，給我們的友邦學人一個良好的印象，發揚中國文化非團結合作不可。所幸我們哲學界已手携手的團結在一起了，大家都在努力籌備開好明年在臺召開的國際中國哲學會議。引用吳教授的話（二九九頁）來說：

『盼望哲學界同仁鼎力支持此一項比「十大建設」更繁重的工程，羣策羣力，共赴事功，則中國哲學之未來幸甚！」

總結說來，吳著「比較哲學與文化」一書，雖是一本論文集，在精神上已扣實的說出了從事比較哲學與文化時應注重的心態和方法是什麼。作者相信吳氏不久必會就比較哲學本身所應採用的方法學，提出更嚴謹而有系統的說明。

三、中西心態和基督宗教

——敬答項退結先生

項教授仁兄足下：

多蒙青年戰士報「中西文化」版主編傅先生寄來你的大作——「對『關懷』與『驚奇』的一些商討」，拜讀之餘，非常感激。蒙你給我不少建設性的批評和建議，使我不得不在研究教學之餘，抽暇來酬答萬里以外的學術知音。我首先要感到慚愧的，便是在用中文寫我自己思想的時候，許多時沒法用適當的中文來表達重要的概念。Wodner 和 Concern 正是一個主要的例子。現在蒙你的大文提出用「驚奇」和「關懷」作這兩個概念的中譯，在我沒法能找得更適當譯詞的時候，本應無條件地衷心接受。可是，經過再三思量，「關懷」一詞倒沒有什麼問題，但「驚奇」和Wonder却未完全脗合。Wonder 一詞，含義似乎比「驚奇」略爲廣些，「驚奇」可以算是 Wonder 的一種。換句話說，Wonder 可以有「驚」的成分，但也可以沒有「驚」的成份。沒有「驚」的 Wonder，可以說是一種「好奇」或「探究心」。由此看來，「驚奇」一詞只譯出 Wonder 含義的一部分。我在臺時曾想把這詞有時譯作「驚奇」，有時譯作「好奇」，有時譯作「探究」，但又怕讀者們無法認同爲一個概念，所以迫不得已行文時用英文來表達，但一直內心感到不安。不過，拜讀你的大作之後，以後凡可以譯作「驚奇」的，便接受你的好意，用中文表達吧。

你的大文提到，「整個中西哲學史中，對『關切』『關注』『關懷』這些心態作最詳盡剖析者莫過於海德格。」你對海德格有專門和深入的研究，若要談海氏哲學，我實在班門弄斧。但我不得不老實對你說，我討論文化這一對中心概念受海德格影響極大，尤其是 Sorge 一概念給我的啓示。我本來用 Care 作表達，後來在美國教學，發現 Concern 一詞美國學生容易懂得，然後才改用 Concern。你說「關懷」一詞比英文 Concern 要貼切得多，我是十分贊同的。

大文除了學術的討論，還對我個人的文章讚譽。但有一點是非常可惜的，我們在臺雖然五度聚首，其中一次更蒙你請我到天主教哲學會演講杜威，我們始終只不過是「以道相交」，「以文會友」，個人的背景、家世、信仰、嗜好，從來沒有機會交談。因爲這緣故，你可能對我的背景還有一點無關重要的誤解。你的大著把我當是中文系出身，這和師範大學的檔案記錄有很大的出入。我實在是教育系畢業的。也許由於我的中文比一般的留美學人好些，而且曾發表一些有關文字訓詁的文章，很難免給別人一些錯覺。但說我是中文系出身也不是全錯的，我自幼給我爸爸媽媽監督着，把四書及唐詩宋詞背熟，讀大學時又把國文系的主要課程修過。可惜師範大學國文系畢業的同學，不會把我當作是他們的系友吧！

至於大文中談及道德和宗教的部份，似乎你對我個人的宗教背景和宗教觀還未充份了解。這也很難怪，你對我個人宗教立場的認識，都是從我的文章得來的印象。我在過去發表的文章當中，對西方宗教的討論，可說是少之又少。這不是由於我對宗教不重視，或對西方宗教毫無認識。我畢業於天主教小學，基督教中學。在香港中學會考的時候，新約聖經一科拿到優異，來美後曾專研宗教哲學。那麼，我爲什麼在過去發表的文章裏，不大喜歡談宗教呢？第一：宗教問題極爲複雜，我在美國大學教了宗教哲學多遍，從聖奧古斯丁到田立克的理論都鑽研過，而且搜集了四十幾條宗教的定義，要談宗教，簡直不知從何談起。第二：我前歲返臺之初，友人便告訴我國內「三分天下」的思想局面，說天主教思想家們想盡量把中國文化天主教化，而道統派的學者們正在「劍拔弩張」，隨時對天主主教的攻勢作有力的還擊。這樣的緊張局面（不知是否事實？）實在不利於討論宗教。所以我雖然幾次肯定「科學、法律，和宗教是西方文化的三大支柱」，但對西方宗教極少談及。本來我準備遲一些時日，特別寫一篇「中西宗教思想的不同」，給我以往對宗教的緘默補過。可是，讀了你的大文，我却忍不住了，不得不提前發表一點意見。

其實，我在過去兩年在國內發表文章，也不是對宗教問題採完全緘默的態度。我在「兩種不同的心態」一文中，曾有下面的一段話：

『宗教以救人救世爲本，應該是 CONCERN 的產物。但偉大的宗教同時根源於 WO-

NDER。猶太教和基督教藉着 WONDER 來超越經驗世界去認識探究宇宙的主宰。佛教藉着 WONDER 來超越經驗世界，一面探索人生痛苦的形上學根源，另一面探索寂滅後涅槃的境界。中國文化中沒有產生這種超越性的宗教，也許是民族性裏 WONDER 的精神比較弱的緣故。』（「比較哲學與文化」三〇五——三〇六頁）

根據我的研究和親身體驗，基督教應當是 WONDER 和 CONCERN 的結合體。你的大文說是「百分之一百關懷」，可能由於你自己的關懷意識特別濃厚，當你和西方宗教（特別是基督教）接觸的時候，你對關懷的層面體驗得特別深刻。人與人之間的愛，可以說是以關懷爲主。而「上帝愛世人，甚至把祂的獨生子賜給他們」的愛，也可以說是神對世人的關懷。但人對上帝的愛，也可以說是在「關懷」的層面嗎？人對上帝的愛，是絕不能和「驚奇」「讚歎」和「敬畏」分開的。換句話說，人對神的態度，始終離不了 WONDER。

我雖然從沒有受洗爲基督徒，但我每逢星期日都到教堂去，目的在體驗西方宗教生活。教會的教友活動，團契組織，和教會的慈善機構，都是以「關懷」來做出發點。可是他們關懷的對象，却是基於知性的認識的。根據我親身的體驗，基督徒的「分彼此」的意識是極强的。基督徒對非基督徒在心理上的分彼此，眞有點像美國白人對黑人的心理一樣。有一次，我對在教堂認識的一位朋友解釋我爲什麼不洗禮的原因說：「我沒有受洗，最多被已受洗的人歧視。但我一受了洗，我便要隨着你們去歧視未受洗的人。我寧願被人歧視，但不願意歧視他人，所以到現在我還沒有受洗呢。」在我看來，基督徒的「分彼此」是基於知性的認識，正是亞里斯多德邏輯的最高運用。禪宗的最高境界爲「凡聖同泯」，爲什麼基督徒不能達到「基督徒和非基督徒皆能同進天堂」無分彼此的境界呢？

撇開基督徒的態度不談，基督敎是個 WONDER 意識極濃厚的宗敎。基督敎的上帝是「全知」「全能」和「全善」，我們若不透過 WONDER 的意識，簡直對這種上帝觀無從捉摸。（除非是人云亦云的盲從附和。）我們讀「創世記」（GENESIS）上帝在一面的混沌裏，說要光便有光，說要水便有水，說要陸地便有陸地，說要飛潛動植，飛潛動植立即應召而至。我們若 WONDER 意識不够，便不能超越常識和理性去接受創世記福音的報導，惟有用「迷信」或「神話」一詞把這瑰麗（Wonderful）的場面輕輕的否定了。我們怎能說基督敎是個百分之一百關懷的產品呢？

你的大文强調基督敎的一貫精神是信與愛：「這所謂信是指人與人或人與神之間的一種信賴和獻身，信的進一步就是愛。這一切絕非置身局外的驚奇或好奇所能解釋，而是百分之百關懷。」對於基督敎的一貫精神是信和愛，我完全贊同，但把基督敎的愛，解作百分之百關懷，其中絕無 WONDER 的成分，我便不得不提出異議了。WONDER 一辭在我的思想體系裏，絕不能僅解作「置身局外的驚奇或好奇」。這是人類心靈的一種超越性。「驚奇」「好奇」「探新」只不過是這超越性的一部份屬性吧。這種超越性可以表現於知性的認識（科學），也可以表現於情意的活動（宗教和藝術）。其最顯著的功能爲超越「實用界」、「常識界」、「經驗界」、「禮俗界」去探索普遍性的存在從而建立恒久的價值。讓我們用「愛」來做例子吧，父母給我們提攜撫養，「子生三年，然後免於父母之懷。」我們對父母的愛，是常識界或經驗界可以解說的。我們要愛我們的兄弟、姊妹、配偶，和朋友，在常識界或經驗界都可以說得過去。至於我們從不相識的人，甚至敵人，我們還得要愛他們的話，便似乎不合人情了。換句話說，愛不相識的人和愛敵人都是常識界或經驗界很難解說的。要解說（justify）這種愛，我們一定要超越我們的常識界和經驗界去尋求更高一層的原理。所以基督敎的愛，是要經過我們 WONDER 心態的超越性，超越了常識和經驗才可以領會得着。換句話說，基督敎的愛，並不是純粹以「關懷」爲主體的。

業師唐故敎授君毅先生對西方宗敎曾有下列一段話：『言西方文化之高卓一面，必言其宗敎精神。其宗敎精神之高卓性，表現于其「上帝自無中創造天地萬物」之信仰。……而上帝自無中創造世界之信仰，固足以使人精神凸顯以高臨，而若超越於天地萬物之上。其引人上達之價值，乃不得否認。而西方哲學精神之偉大處，亦皆表現於其能追踪上帝之高卓性，而與之俱往，其運思乃能上際於天，下蟠於地。』（「中國文化之精神價值」二一九頁。）唐先生所說西方宗敎的高卓性，和我所提出的 WONDER 有異曲同工之妙。康德所用的 Sublime 一詞也很相近。不過我的 WONDER 是專就文化活動的心態而言，唐先生和康德的形容詞是對屬性的描寫吧了。

總之，我們若把基督教的精神專用「關懷」來解釋，我們只能解說基督教社會性膚淺的一面，其宗教本身的高卓性便湮沒而不彰了。

至於大文中提及美國十餘年以來的宗教團體運動，我都頗有接觸。他們熱情有餘，睿智不足，未能在美國社會產生推動波瀾的影響。至於大文所說個人主義祇是十八世紀自由主義的產物，似乎是一般西洋史家的看法，我個人不敢贊同。其實今日西方的個人主義，古希臘和希伯來兩大文化傳統都應該負一部份責任。說來話長，並非三言兩語可以解釋明白，留待他日撰文詳爲解說吧。

退結兄，請讓我對你的評論，再表示我衷心的謝意。要不是你撰文和我商討，簡直不可能把我對基督教的看法引發出來。可惜我們兩人相隔萬里，不能長相聚首，論道言歡。你論學的客觀和認眞的態度，是我一向所欽佩的。文中不敢苟同之處，希望你不以爲忤吧！

餘不多叙，耑此敬頌

教安

弟吳森頓首

民國六十七年十一月五日

對「關懷」與「驚奇」的一些商討

項退結

假如是在二年以前，我根本不需要化時間寫這篇文章。祇需打個電話，約一個談話的時間就是。可惜吳森教授早已離臺返美。要討論問題就得訴諸筆墨。徵諸過去經驗，我知道他一定歡迎這樣的討論。

吳先生最近的一連串文章都在於把中國人的 Concern 和重集體，西方人的 Wonder 和重個人這些比較抽象的理論用具體事實來表達來對證。由於他對烹飪特別與趣，所以吳先生關於飲食烹調那篇文章寫得格外有趣，相信早已引起讀者的廣泛共鳴。他剖析美國式婚姻的弊病，也的確入木三分。對我個人而言，我對吳先生出身中文系以後轉習哲學頗感歆羨；他的文章始終不脫文人本色，說理之中不忘文采，讀之令人感到餘味無窮。不像我自己的文章那麼枯燥乏味。

吳先生從事中西哲學與文化的比較，其所掌握之最主要一對概念即構成中西不同的 Concern 與 Wonder 二種心態。他的大著「比較哲學與文化」及最近發表幾篇文章中所列舉的許多事實都足以證明，這對概念是相當有用的假設。但直到如今，吳先生始終用英文來表達，因爲找不到妥適的中文譯名。但在「兩種不同心態」一文中，他說前一詞勉强可譯爲「關懷」，後面一詞極難中譯。我却覺得「關懷」一詞由於表達出人與人之間互相關心這層意思，遠比Concern一詞更清楚；而 Wonder 則未嘗不可譯爲「驚奇」。

據我所知，整個中西哲學史中，對「關切」「關注」「關懷」這些心態作最詳盡剖析者莫過於海德格。海德格的某些剖析往往流於煩瑣甚至牽強，但他對關切的心態的確有獨到見地。他心目中的「關切」(Sorge)是人之所以爲人的特色，人的一切行爲都蓋有關切的烙印，而認知或「驚奇」祇是關切的表現之一而已。對事物的關切稱爲「關注」(Besorgen)對人的關切則稱爲「關懷」(Fursorge)。上面三個德文字依次可譯爲 Care, Concern Solicitude(見通用英文譯本一五七頁，德文原本一二一頁)。無論如何，德文的 Besorgen 與英文的 Concern 都可以廣泛地應用於物或人，不像「關懷」一般祇適宜於表達人際的情誼。吳先生如果要表達這層意思，我想「關懷」還是比較適當的名詞，遠比 Concern 更好。

除去名詞以外，至少在道德和宗教問題上我不能完全同意吳先生的說法。在「中西道德的不同」中，他以爲西方的道德和宗教都是些冰冷的誡律。誠然，希臘哲學巨子蘇格拉底、柏拉圖、亞里斯多德的道德觀是重智的，這一道德觀對兩千多年的西方思想發生影響也是事實。重智主義的最高峯是黑格爾，齊克果之所以反對黑格爾不遺餘力，是因爲這種冷冰冰的重智思想與基督宗教精神格格不入。吳先生雖然承認科學、法律和宗教是西方文化的三大支柱，他對基督宗教二千年以來所塑造成的西方宗教精神却相當隔膜。基督宗教的一貫精神是信與愛，並非誡律。這所謂信是指人與人或人與神之間的一種信賴和獻身，信的進一步就是愛。這一切絕非置身局外的驚奇或好奇所能解釋，而是百分之百關懷。吳先生講西方的道德與宗教時，似乎以爲希臘的重智主義是唯一的決定性力量。實則，希臘的重智主義早已於第一世紀末期就開始和基督宗教發生衝突；當時接受新信仰的部份希臘人士覺得必須用他們的眞智（Gnosis）去熔解猶太人所傳授的信仰（Pistis）。經過數百年的爭執，眞智派（Gnosticism）終被擊敗，信與愛的傳統遂在西方文化中保留下來，並成爲它的主流之一。至少在談西方的道德與宗教時，絕不可忽視這一事實。可能吳先生很少或根本沒有體驗到西方的這一層面。但毫無疑問，這是値得欣喜而令人充滿希望的活生生的事實，儘管西方的許多缺陷和黑暗面也同樣是事實。

關於吳森教授所描寫的表現於美國式婚姻的個人主義，我以爲這祇是十八世紀自由主義的產物，不足以代表整個西方思想。典型的西方傳統一方面强調位格的尊嚴，另一方面也不忽視個人與團體之間的密切關係。這種傳統在歐洲一些純樸的鄉村中至今尙保存一部份。以美國而論，吳先生大約也很少有機會接觸到最近十餘年以來的宗教團體運動，這一運動在天主教與基督敎各派的年青一代中很有活力。人與人之間的關懷正是這一運動的特色之一。正如吳先生所云，制度化的傳統宗教目下在美國一落千丈，但新生的宗敎力量正方與未艾呢。

其他的一些問題且留到後來再向吳森教授請教吧。

四、文化意識長存，道德理性不朽

——敬悼唐君毅師

我讀近人著作中，發現了一段特別使我感動的話：

「故一家之慈父慈母，其情或只限于一家。一鄉之善士，其情或只限于一鄉。而文天祥史可法，卽其情長在中華。孔子、釋迦、耶穌，則情在天下萬世。」（人生之體驗續篇第九十七頁。）

唐君毅先生與世長辭了。他的教澤永存，其情長在弟子們的心坎。他雖然不是忠臣烈士，但他捍衞祖國文化，和共產主義搏鬥的精神，其情長在中華。他雖然不是宗教主，但他對天心、仁德、理性的弘揚，救人救世的熱忱，其情長在千秋萬世。生死永隔，人別路殊，文化意識長存，道德理性永垂不朽！（按『文化意識與道德理性』一書，爲唐氏精心巨著之一。）

唐氏一生的精神生活，充滿着存在意識和憂患的悲情，然而他的思想並不因此而帶有悲觀和抑鬱的色彩。他的哲學系統，博大圓融，滙衆說而成一家之言。但他對共產唯物論從不作容忍的妥協。他的抱負，「爲天地立心，爲生民立命，爲往聖繼絕學，爲萬世開太平。」可是他全沒有唯我獨尊而看輕別人的傲態。在專業職位言，他雖然只是個哲學教授，但他對歷史、文學、訓詁、其他學科的功能和價值，從不低估或抹殺。他雖然被公認爲當代中國哲學之祭酒，但他對其他哲學學者從不妄加貶抑批評，孔子說：『君子尊賢而容衆，嘉善而矜不能。』其爲唐公乎！其爲唐公乎！

唐氏自少好沉思，深於玄想。未進大學之門，便已對宇宙人生問題旦夕苦思。另一方面，他天生性情純厚而質樸，對人生經驗的感受力特强。早期的著作，像「道德自我之建立」，「人生之體驗」及「心物與人生」各書，都是苦思和性情的結晶品。這時，哲人的心聲，往往像詩人的囈語或天外飛來的獨唱。大陸淪共，神州陸沉的劇變，給唐氏極大的刺激，把他從玄想的迷夢中喚醒過來，去擔當「中流砥柱」「力挽狂瀾」的重擔。他中年所作的一系列的作品，像「中國文化之精神價值」、「文化意識與道德理性」、「中國人文精神之發展」等書，都充滿着爲中華文化奮鬪的熱忱，和復興中華文化的理想。在這一階段，他不只是一個思想家，而且是一個教育工作的實踐者。他和錢穆先生在香港九龍桂林街創辦的新亞書院和研究所，蓽路藍縷，克難經營，後來終於成爲海外中國傳統文化的重要基地。後來新亞書院歸併大學，唐氏受聘爲哲學講座教授，先後出版了六大册的「中國哲學原論」，把中華民族的偉大哲學傳統，來一個重新整理和說明。在這一段的時期，同時發表了不少針鞭時局和警策國人的論著。目的在承先啓後，繼往開來，爲往聖繼絕學，爲萬世開太平。

筆者對唐氏的認識，遠在二十多年前在香港讀中學的時候。國文老師常常介紹錢、唐兩位先生的著作。我最喜歡的是唐氏的哲理散文，像「論讀書的難與易」和「死生之說與幽明之際」。因爲它們常常把我帶到曲徑通幽之處，體認宇宙人生無窮的理趣。中學畢業的時候，雖然有一位經商致富的堂兄答應供我讀香港大學，但我却只投考了桂林街新亞書院文史系。新亞書院的入學試，除了答卷的筆試之外，還有經過當面晤談的口試。那時給我口試問話的正是唐先生。我雖然聽不懂他的四川國語，但也不覺得難堪。唐先生平易近人，雍容儒雅的丰度是不會使學生望而生畏的，我終被取錄了，但還未得如願以償，因爲我能選唐先生的課，只有理則學一科，其他的老師我都不大喜歡，所以不久便退了學。第二年，考進了臺灣省立師範大學教育系，但對新亞還念念不忘。畢業後回到香港投考新亞研究所。這一回，比以前「如願以償」多了。唐先生在研究所「中國哲學」一科的講演，正是後來「中國哲學原論」一部份的題材。他在堂上從來不講閒話，從不批評或嘲諷別人，每一句都是嚴肅而正常的話題。每一堂課，都從平淡的語調講起，似乎愈講愈吃力，而思路愈彎曲而紆廻。有時像「山窮水盡」，有時若「四顧無人」。有時彷彿「前無去路，後有追兵。」有時却像「雨過天晴，豁然開朗。」峰廻路轉之際，驀然回首，眞理却在路旁。多天的時候，唐氏穿着大衣進課堂來，脫下大衣開始講。但講到一半的時候，外衣也要脫下來了。唐氏一面講，一面苦思，用心力的時候，往往額上冒出汗珠兒來。不一會，背心兒也要脫下來了。大抵到領帶解下來，便是一節告終的時候。唐氏的敎書，眞可謂鞠躬盡瘁，絲毫不苟。他對古代先賢及西方諸哲的學說，都能提要鈎元，畫龍點睛地複述出來；而對時賢及其他學者，從沒有作誇大的頌揚和有意的貶抑。但他常常自我批評，自我咎責，自我檢討，從來沒有一句自大獨斷的話。筆者出國前到他家辭行的時候，他自貶一番之後，囑咐筆者千萬不要效法他走那些紆廻曲折的路。這種光風霽月，大公無私的胸懷，在當今哲人中恐怕難找第二人吧！

筆者出國後，經常還和唐氏通訊，有信必覆，每次覆信都不會超過兩個星期，而且內容都很詳盡。一九六八年，謝幼偉先生從中文大學新亞書院退休，唐氏來函邀筆者返新亞任敎，頗爲懇切。可惜那時筆者答應了芝加哥羅若拉大學客座之聘，未能應命返港。一九七三年（民國六十二年）筆者第一次出國後由美返港渡假，唐氏特別爲筆者在九龍豐澤園菜館設宴，使和新亞師兄弟重敍，舞雩沂水，其情甚懇。此後筆者每返港渡假，必去拜會他。許多時，聽他席上一番話，回到美國便有靈感可以大寫文章。最近筆者發表批評毛澤東思想文章（英文寫成，在 STUDIES IN SOVIET THOUGHT 發表）及「克己復禮辯」（鵝湖月刊六十六年十二月號），都是返港渡假在慶相逢茶樓給唐氏啓發或策勵之後寫成的。

兩年前的秋天，我應聘到臺大哲學系當客座敎授，路經香港要拜會他的時候，一位新亞的師兄弟告訴我，唐先生病倒了，正在臺北療養。這一次病倒，非同小可。事情的經過，也頗爲曲折。原來在謝幼偉先生退休後，新亞哲學系從美國聘了一位年青的學者任敎。唐先生一向以爲這位年青學人是立場中正而為中華文化奮鬪的學者，所以非常器重他。可惜這位學人在新亞豎立勢力之後，只曉得玩弄權謀術數，投機取巧。他繼唐先生當了權，為了個人的私見，竟用奇謀將其中最有資格的申請人擱置一旁而不理。唐先生為了正義而干涉。可是那時，唐先生退休，沒有實權了。而這位反骨的年青學者，竟露出猙獰的面目，給唐先生無情的攻訐。最後，更寫了一封信和唐先生宣佈絕交，還把這封絕交信影印分發給唐先生的要好朋友。唐先生一向以仁厚待人，香港思想界的敵人，甚至連左傾份子都尊重他。這位絕情的，苛刻的年青人太不擇手段了。不過唐先生並不與之計較，兩年來仍然勉強支持着力不從心的軀體，還對宇宙人生問題作苦思玄想。我們每次探望他的時候，還不斷給我們作精辟的策勵。不過，他對自己的病，似乎已有自知之明。在第一次到劍潭療養寓所探候他的時候，他把歷年來出版的英文論文及稿本全部交給我，囑託我將來替他校訂出版。我在親手接受這一疊文稿的時候，喉頭裏咽不成聲，眼珠兒簌簌的滾下淚來，我怕師母看見，勉強忍住，顧而之他。後來，我離臺返美，寫信問候他的時候，他還親自回信，但對痊癒方面完全沒有信心。本年初我再度返港，由新亞兄弟唐端正、霍韜晦兩人陪着我到他和域道寓所探候。他老人家覺得氣喘，還滔滔不絕闡述最近體會所得的人生奧秘。顏容雖有點憔悴，但看來也可以維持一年半載。他老人家還親手把最近出版的「生命存在和心靈境界」一（為唐氏一家之言的巨著）簽了名送給我。這次簽名，有點奇怪，在他的名字下只寫「一月九日」，沒有寫那一年。他把書拿給我的時候說：「這是給你的，是我最後的一本書了。」說來有

五、中華孝道永存，謝師精神不死

大約兩個月前，我接到文化學院哲研所吳蓮慶同學論孝道的碩士論文，粗略地瀏覽一過，還未得暇給吳同學回信，但心裏湧現了一股懷念思慕之情，想起終身弘揚孝道滙通中西思想的謝佐禹老師。

民國四十四年，我從香港回國，升學師範大學，恰值謝老師那時應邀到師大講演黑格爾的辯證法。我那時不知天高地厚，置身聽衆的行列，坐在最前排嚴肅地聽講。我那時根本哲學是什麼也不知道，但好像對黑氏的玄學辯證也有點開悟。謝老師講黑氏哲學，既不玩弄概念名辭，也不故作高論，慢條斯理，平實近人。講到吃力的地方，聲調特別提高，許多時講到聲音嘶啞、滿頭大汗的時候，還要手舞足蹈，高聲疾呼，大有隨時準備以身殉道的氣慨。

四年後我在師範大學畢業，考進了香港新亞研究所。那時謝老師應聘到新亞當研究所教務長，我們從此建立了師生的關係。在新亞研究所那一年，是我在學術方向一生的轉捩點。我捨棄文字訓詁的鑽研改習哲學，謝師的嘉勉和誘導，實在有不可思議的決定性力量。

我在肄業中學的時候，便確定終生的爲學旨趣：義理、考據、詞章，三者不可偏廢。進了師範大學，受業於已故文字學大師高紡之（鴻縉）的門下，對文字訓詁考據竟然着了迷。畢業後進了新亞研究所，恨不得在這一方面再作深造的功夫。可惜新亞研究所在文字學方面沒有像高師那樣博雅高明的學者，惟有函告高師，引爲憾事。高師來函，鼓勵筆者「隨唐君毅先生習中國思想，隨吳俊升先生習杜威哲學。」那時，我在哲學方面基礎未穩，（至少遠不及文字訓詁所下的功夫）怎能跟唐、吳兩位老師深造呢？恰巧那時研究所的月會輪到我作論文報告，給我在哲學方面一個嘗試的機會，看看老師們的反應如何，好決定我今後爲學的方向。我於是以「老子人生思想述評」爲題，寫成了論文，在一九六〇年（民國四十九年）三月二十一日晚上宣讀。根據新亞研究所月會的方式，先由研究生宣讀論文，然後由在座的研究所導師發表評論。一般來說，導師們的評論，不是吹毛求疵，便是尖酸刻薄。但事情却出乎意料之外，當我讀完那篇論文的時候，導師們却沒有甚麼微辭。輪到謝老師發表意見的時候，他喜氣洋溢地用非常誠懇的語調說：「吳同學的報告，充分地表現他的哲學天分，希望他以後專門研究哲學。」說完了立刻坐下，讓別的導師們發表意見去了。散會的時候，特別走到我的跟前，向我道賀，並囑咐我第二天到他的辦公室去談談。

第二天的早晨，我到了謝師的辦公室，他笑着臉相迎，請我坐下。一開頭便稱讚我老子人生思想的報告，並說像我這樣有分析頭腦及深於玄想的青年少之又少。接着勸我不要再沉迷於文都要維持他們的面子，硬着頭皮發問，或作一些不着邊際的批評。但輪到謝師發言的時候，都出乎衆人意料之外。他站起來，用誠懇而爽直的語調說：「很對不起！我坐在這裏一個多鐘頭，一句都聽不懂，丈八金剛，全然摸不着頭腦。（希望何同學能簡單的說一說，這篇論文的宗旨是什麼，採取什麼方法，用什麼論證。」聊聊數語，表達了其他導師們心中要說而不敢說出來的話。

我離開新亞赴美深造，對新亞研究所好幾位老師（謝師、唐師、吳士選師）常有懷念之意，在通訊的時候常常表示返港之意。謝師來函給我很大的策勵，勸我在美多留數載。他認爲留學三四年歸國的，對西方學問只得膚淺的了解。讀西洋哲學的，應該至少在西方國家下功夫七八年以上，才能算稍有成就。他並勉勵我，不患無位，患所以立，他日返港臺服務的機會一定有的。

這機會終於降臨。一九六八年（民國五十七年）的夏天，謝師來信，告訴我他快從中文大學退休了，遺缺將力薦我繼任。不久，唐師（君毅）的信也來了，希望我回新亞任教，言辭頗爲懇切。我於是答應了兩位老師的誠意邀請，準備隨時東歸。怎料中文大學行政的程序比美國一般大學的慢得多，我等了半年，毫無音訊。恰巧那時我在一國際性季刊發表了一篇向西方哲學迎頭痛擊的論文（註一），美國好幾名大學都想請我當客座教授，在對中大聘書「望穿秋水」、「欲速不達」的時候，我不得已答應了芝加哥天主教羅若拉（Loyola）大學客座教授的聘請，而且很快便簽了合約。（美國一般大學行政效率都極高，有辦事速戰速決之風。）新亞的聘書最後也到達，但我不能背約於羅若拉大學，只好含淚謝辭，取銷還鄉之夢！謝師對我不能返新亞，覺得非常可惜。前年多到劍潭探候唐師時，唐師亦以我當年不返新亞爲憾事(註二)。

謝師的著作，大部份我都讀過，而且受益不淺。他介紹西方哲學的著作，都極盡篤實中肯、深入淺出的能事。我在二十世紀西方哲人中，最喜歡懷黑德，而且曾在美國開懷氏哲學多遍，追本溯源，是早年讀謝師「懷黑德學述」(註三)的影響。謝師介紹西方哲人的思想時，謹守「寧缺毋濫」的原則。自己不懂的，寧願不寫出來，以免貽誤後學。能寫得出來的，都顯淺易懂，絕不浪費讀者的精力和時光。可惜有些人因爲他的著作顯淺易解便批評他「膚淺」。我回國講學那一年，親耳聽到有人向他下這一點武斷的批判。我在這裏，不得不替謝師辯護。要是謝師學問膚淺，絕對寫不出「懷黑德哲學」這一類書出來。不少在美國讀完博士學位的，對懷氏的哲學還是「不知所云」呢！大抵謝師的著作，「深人不覺其淺，淺人不覺其深」，只有「淺之又淺」的膚淺之士，才會覺得他的學問膚淺吧！

在對中國文化和思想的弘揚，謝師的貢獻也非常大。其中最獨特的貢獻有兩點：㈠方法的檢討，和㈡孝道的提倡。我在新亞研究所就讀的時候，謝師剛到所主持敎務，對思想方法的提倡，不遺餘力。他認爲我們今日提倡中國文化，最要緊是「方法上的覺醒」。我們傳統的直覺法不是沒有用，但「直覺不是人人所能……恃直覺爲方法，事實上是等於沒有方法。因爲直覺雖是一種方法，然這種方法是不能傳授的，……我有我的直覺，你有你的直覺，你我之間的直覺不必相同，即相同焉，你我亦無法以直覺敎授他人，使他人亦有相同的直覺。……中國發明了指南針、火藥、印刷術等等之後，何以不能再有類似的發明，這就是受了僅以直覺爲方法的限制。」(註四)這一番話，對中國傳統文化的弱點，眞是一針見血，語語中肯。若不是謝師早年負笈留美，飽受西方文化的薰陶，對直覺的批判，是不會這樣鞭辟入裏的。

然而，謝師却是一個中國文化的維護者，他對中國文化的批評，不過是「愛之愈深，苛求愈切」吧了。他對中國文化的維護，和唐代大儒韓退之「諫迎佛骨表」的態度不同，而是經過比較得失權衡輕重的結果。他認爲中國人的「孝道」，是全世界文化中最獨特的道德。民國二十三年，謝師由美返國，便開始對孝道作哲學的構想。民國三十二年，在「思想與時代」發表「孝與中國文化」一文，頗引起思想界的注意。此後，謝師對「孝」的問題，一直在想。民國四十八年東西哲人會議在夏威夷大學擧行，謝師應邀出席，在會上用英文發表長達萬餘言的「孝與中國社會」論文，引起東西學者們熱烈的討論。過了幾年，在香港「人生」雜誌發表「孝治與民主」，闡明孝道和現代的民主政治並無衝突。民國六十五年，中華學術院編纂「哲學論集」，向謝師徵稿，得「孝之性質及其需要」一文，想不到這是他最後一篇論孝的文章了。

謝師從中文大學新亞書院退休後返臺，一直還誨人不倦。先後在師大、政大，和文化學院開課，並且兼文化學院哲研所所長。我和他常常保持着通訊的聯繫。政大和文化學院系主任出缺的時候，他都曾來信問我有沒有興趣返臺任敎。民國六十五年春，從朋友的書信知道謝師的健康不如前，上課的時候照書直念，沒有以前的精彩了。我心中有點牽掛，一面急急忙忙的辦理到臺大當客座的手續。我終於在六十五年秋天回到濶別十六年的自由祖國來。可是，我已經沒有機會和謝師見最後一面了。他已在我回國的一個月前，溘然長逝！

哲人已去，教澤永存！弘揚孝道的精神，與日月合其明，長在中華，永垂後世。中華民族孝道永存！謝師佐禹精神不死！

註釋

註一 "Contemporary Western Philosophy from an Eastern Viewpoint," *International Philosophical Quarterly*, Vol. VIII, No. 4 (December, 1968)。

註二 唐師對筆者不返新亞以爲憾事，其中有極重大理由。見筆者「文化意識長存，道德理性不朽——敬悼唐君毅師」一文，登載於本年五月十日香港華僑日報。

註三 「懷黑德學述」初由中央文物供應社出版，其後增訂改爲「懷黑德哲學」由先知出版社發行。此書目前仍爲以中文寫作之懷氏哲學入門最佳讀本。

註四 謝幼偉著：「中國文化精神」四七—四八頁。

六、「烹調原理」序

向以老子哲學名家，撰著「中國哲學史話」，提倡大同理想的張起鈞教授，竟然在本年夏天來美渡假的短短幾個月的時光，完成了一部新顥脫俗而中國文化界前所未有的著作——「烹調原理」。這是研究中國文化的一面里程碑，也是哲學界的一個指路牌，指向著中國哲學未來的新園地。

「用科學方法整理國故」，已成爲我國學術界的口頭禪。然而，國故的範圍，在前輩國學大師們的監督下，總脫離不了故紙堆的巢臼。似乎「經」、「史」、「子」、「集」，和「義理」、「考據」、「辭章」幾個項目，便可以代表我國傳統文化的全部，怪不得許多外邦的學者們都批評我們的文化保守和落伍了。其實，我國文化並不保守，我國的國粹並不落伍。「保守」和「落伍」印象的造成，許多國學大師們的「國學概論」可能要負一部份責任的。我常常在想，中國傳統文化中的藝術、醫學，和烹調，爲什麼國學大師們不屑一顧呢？

中國的烹調不只是中國傳統文化的一部份，而且是極重要而又最富代表性的一部份。我在

「中西飲食烹調的不同」一文裏特別指出，中國的烹調，代表中國藝術精神的極致，和西式烹調着重機械方式及呆板程序的相比，判若霄壤，有口皆碑。那些提倡國粹的學者們，爲什麼對我國的烹調藝術置之不理？難道這是「雕蟲小技，學者不屑爲之」嗎？

在我國的歷史傳統裏，也曾有不少的文人寫過一些對飲食烹調的意見，倪雲林和袁子才都是有名的例子。不過他們的寫作方式，只限於點點滴滴的品評和一兩度菜式製作的心得。從來沒有人將我國的烹調藝術作融滙貫通的闡釋，來寫成一本有條理、有系統的專著。融滙貫通而建立理論體系的功夫，是哲人的創作，不是普通文人學者可以勝任的。

張教授以哲學名家，但他却不是一個普通的哲學學者。普通的哲學學者，皓首窮經，專從故紙堆中找材料，專替別人的思想作註脚。張教授也曾寫過幾部論老子哲學的專著，他和吳怡教授合著的「中國哲學史話」，在文化界已飲譽十餘年。但這都不是他的爲學旨趣。他的爲學旨趣，是運用哲人的睿智，科學家的分析精神，和藝術家的鑑賞能力，從人生經驗和文化寶藏發掘材料，去作直接的反省和融滙貫通的詮釋。「烹調原理」一書，正是他爲學旨趣的結晶品。這書雖然以「烹調」命名，却是我國哲學界的一本劃時代的巨著。

美國聖路易城華盛頓大學講座教授李維氏（Albert William Levi），在他的「哲學概論」裏，給哲學下的定義是：哲學是對人生經驗作反省思考的活動。由於對道德經驗的反省而產生道德哲學（或倫理學），對美感經驗反省而產生美學，對科學經驗反省而產生科學哲學，對宗敎經驗反省而產生宗敎哲學，對歷史經驗反省而產生歷史哲學，對認知過程反省而產生認識論，對宇宙本體（爲吾人想像所能經驗者）作通盤反省而產生形而上學。哲學研究的對象，是人類經驗（廣義的經驗，和狹義專指感官經驗的不同）的全部。「飲食男女，人之大慾存焉。」飲食烹調和男女關係是人類經驗的重要部份，爲什麼研究哲學的人總對這些經驗避而不談呢？哲學敎授們一般的著作，討論的多半是「心性」、「良知」、「存有」、「先驗」、「辯證」、「分析」、「綜合」、「本體論證」、「絕對精神」、「所緣緣」，及「等無間緣」等抽象的名相，喜歡把前賢談過的題材翻來覆去地再談。這些名相的分析和觀念的遊戲，究竟對人類文化經驗的貢獻在那裏呢？現在二十世紀的西方哲學，各學派都不約而同地提倡「反本」運動，高呼要回到經驗的本身上去。杜威、懷德海、海德格，和現象學的思想家們，都是「反本」運動的先驅者。我國哲學界似乎比較痲木些，學者們的爲學旨趣還停留在西方十九世紀階段。看來張敎授的「烹調原理」可以在中國哲學界作「反本」運動的前驅者，引導研究哲學的人從象牙塔和故紙堆中跑出來，吸一口新鮮的空氣，從事對文化和經驗作直接的反省，從而開闢我們哲學界的新園地，樹立平穩而務實的新學風。

最後，我希望哲學界的同寅重視這一本著作。更希望在大專研究哲學的同學們讀讀這本書，從而知道哲學不是脫離實際的觀念遊戲，而是對人生經驗作直接的反省思考。當哲學學得到家的時候，到處都是題材。任何一種人生經驗，都可以作哲學思惟的對象。清代大詩人袁枚說得好：

但肯尋詩便有詩，靈犀一點是吾師。

斜陽芳草尋常物，解用都爲絕妙辭。

烹調飲食不是尋常的經驗項目嗎？但經過哲人的反省思考，尋常的事物都呈現新穎的意義來了。

民國六十七年雙十國慶吳森序於美國加州州立大學

七、不可諱疾忌醫

筆者返國在臺大擔任客座教授一年，轉瞬間便過去了。在返美前到香港歇息一下，鬆弛一年來在國內教學、研究，和應酬所累積下來的緊張的情緒。在居港期中每天閱報的時候，特別注意自由祖國的新聞。范園焱義士來歸的報導，使我興奮了許多天。然而，也有些報導使我心頭忐忑不安的。七月十九日的華僑日報記載，臺北宇宙光雜誌社林治平先生，於日前邀請了幾名外籍朋友，出席了一項「外國朋友看中國」座談會。筆者讀完了這幾位外籍人士對我國同胞的品評，不禁愴然。但經過冷靜的反省，覺得他們的評語，深深切中我們社會的陋習和頹風。我們固不可盲目的崇洋媚外，但也不可爲了面子而諱疾忌醫。我國的民族自尊心固然不可喪失，但千萬不能妄自尊大而埋沒了求眞求善的良知！

韓國日報駐華特派員金英贊指出，中國人自稱「禮義之邦」，但中國人的守禮，只限於熟人的圈子，對不認識的人便不講究禮節了。這一點，是人所共知無可否認的事實，用不着列擧什麼例證。筆者所感到痛心的，不是國人的不守禮節，而是我們的實際生活方式和我們的文化理想相距太遠了。我們的文化理想是「禮義之邦」，但我們的實際行爲往往是「爭先恐後」、「唯利是圖」。無可否認的，朝野上下的知識分子都口口聲聲以服膺孔孟學說爲依歸，但孔孟的理想似乎比耶教的天堂還要遠。孟子的人生理想是「富貴不能淫，貧賤不能移，威武不能屈。」試問臺省千萬同胞當中，能實踐這道德理想的究竟有多少人？在物質條件進步和經濟繁榮的過程中，不少暴發豪門及幸運商人，經常到北投尋樂，一擲萬金毫無吝色，這不是「富貴能淫」嗎？爲了解決經濟窘境或貪圖較好的物質享受，有些高等學府裏的「淑女」，暗地裏參加應召女郎的行列，這不是「貧賤能移」嗎？流氓恃勢，恐嚇良民，受害者懾於其威，不敢向有關單位報案，這不是「威武能屈」嗎？金英贊先生對國人「守禮」的評語，實在切中我們社會的要弊——理想和實際相距太遠。我們許多時會批評別的文化（例如美國）沒有深遠的理想。理想淺近的社會好比「眞小人」，而理想高遠、實際和理想背道而馳的，却是「僞君子」了！親愛的同胞們，我們能不深深地反省嗎？

第二位發言的是東吳大學西洋經濟史美籍教授鄧臨爾。他認爲多數中國教授的心眼窄極了，絕不輕易稱讚別人，從不肯承認別人的學問比自己好。鄧教授的批評，可謂一針見血。這確是我們學術界百詞莫辯的事實。根據筆者在國內大學四年讀書的經驗，虛懷若谷、從善如流的教授，簡直是鳳毛麟角。一般的教授都以爲自己那一套最「行」，別人的「不行」。而且他們還似乎有一種心理，認爲一旦稱讚別人「行」，便是承認自己「不行」。他們不但不輕易稱讚別人，而且往往利用講書的機會，對別人加以攻訐或謾駡。許多不甚懂得講書的，駡起人來的時候，竟然眉飛色舞，精彩絕倫。可憐那些學問未到家智慧未成熟的學子們，以爲駡人駡得精彩的，便是有學問有見解的老師。而那些模仿力强而較優秀的青年學子，他日爲人師的時候，把從前老師駡人那一套本領承襲過來，青出於藍，變本加厲，使高等學府裏敎授講堂上駡人的傳統，代有傳人，相繼不輟。

在臺灣的高等學府裏，還有一種極微妙的現象。每逢畢業班擧行謝師宴的時候，那些安排坐位的同學都面臨一個很棘手的問題，如何把「水火不相容」或「從不打招呼」的老師們分配到不同的席上，以避免「仇人碰面」的尷尬場面。學術界中人相視如仇敵，我們還談什麼學術？高等學府裏面的同事互不相容，我們還談什麼仁義道德？孔子說：「君子尊賢而容衆，嘉善而矜不能。」大學敎授們啊！你們有多少人能服膺孔聖人這句格言呢？

荷蘭籍的畢路安小姐，對我國人「馬馬虎虎」、「隨隨便便」及「差不多」的態度表示不滿。這一點，筆者早就有所感受了。筆者去國多年，初返國門的時候，置身鬧市中，往往不辨東西南北，惟有向途人、小販，或店員虛心問路。可是得來的答案，往往「言簡意賅」，「惟恍惟惚」。比方問「某某飯館在哪裏」，回答者往往答以最簡單而最含混的言詞：「那邊走！」「那邊」的歧路實在多得很，不知哪一條才是「正軌」呢！而且答案中沒有告訴你那邊要走多遠。惟一辦法便是走不多遠時再來「虛心」問道。筆者每一次的問路，至少要問三次以上才能找着一點端倪。有一次筆者在西門町一家百貨公司找男厠，問了六個店員才找着目的地。因爲「那邊」、「後面」、「前頭」、「後頭」、「隔壁」、「往前走」等用語，實在含義太廣了，沒有具備「超級直覺」的人，實在不易領會其中的「眞義」。筆者也許在外邦過久，回到臺灣「不服水土」也未可知。在美國問路，往往只問一次便得要領，因爲回答者往往不厭其詳地用準確明晰的語言表達出來。例如：「從這一條路往前走（配合指前面動作），走兩個 block（路與路間夾着的一排房子爲一個 block），然後向右轉，再走三個 block，便是十字路口，在右面轉角的一棟高樓，便是某某大厦了。」從問路這一小例子，便可以反映國人對準確性和明晰性不大重視。其餘的例子實在很多，用不着詳細列舉了。要培養準確性和明晰性，一定要從國民小學開始。希望國內教育界的同事們不要忽略了這一點。一個國家倘若不能培養國民運用語言的準確性和明晰性，可以說是那國家國民教育的重大失敗！

臺北基督教診所英籍醫師丁曉亮，報導了一些他自己個人的經驗。有一次他修房子，囑咐工人如何進行，對方連應「好好」，但結果並無依照言諾。此外，有好幾次有事要找對方面談，對方答應「馬上來」，結果這位丁醫生却等了好幾個小時。這是一個很普通的商業道德問題。有一次，筆者在希爾頓飯店三樓明皇廳午茗，叫了一客原盅鷄飯，等了足半個小時還未來。筆者因爲趕着赴約，便請其中一位堂倌到厨房去，看看是否剛才那位服務小姐忘記了寫單子。要是忘記了寫單子，我可以吃別的東西。那位堂倌走進厨房一趟，出來說：「已經好了，馬上送來。」這個

「馬上」，足足超過十五分鐘還沒兌現。我因爲赴約的責任心重，於是告訴那堂倌不能再候，並告誡他剛才的「馬上」答覆，簡直是欺騙。我曾經數次到服裝店定做衣服，到了約定日期取衣服時，辛辛苦苦的從新店擠公路局車到臺北城中區，滿以爲試着新衣的經驗不枉此行。怎料服裝店員一句「對不起，明天再來吧」馬上使我興緻索然，從而領略到一點這個不守信約的商業社會裏的人生滋味。美國商業法明文規定，「有諾無信」（原文 false promise）除負民事責任外，還要負刑事上的責任。不知道我國商業法對這一點有沒有規定？倘若沒有規定，是法律上的漏洞。倘若有了規定而商人們不遵守，是我國社會道德的一個大汚點。我們是以「講道德」標榜的民族，可惜眞正講道德的祇限於極少數的人。文化理想未得普及，這是百詞莫辯的事實。

也許有些讀者會怪我用美國社會的尺度來衡量中國社會。我手中所持的尺，不是美洲的洋尺，而是眞理意識和道德良心。我國文化實在有極高遠的理想。我在本文批評的，不是我們的文化理想，而是一般國民的陋習頹風。「國家興亡，匹夫有責。」筆者雖然遠居海外，但對於我國社會和先聖理想背道而馳的頹風敗俗，是絕不能視若無覩的。

一九七七、七、廿四寄自香島

附錄一

比較哲學的健將

——吳森教授訪問錄

王讚源

訪問日期：一九七九年一月廿九日

訪問地點：張起鈞教授家

王：在進入正題前，我想先請吳博士談談你的求學情形和家庭背景。

吳：我家只有我和我妹妹，我可以說非常幸運，從小父母便給予我好的教育。我父親爲嶺南藝術家，而我受母親影響較大，因她是中醫生也是西醫生，且國文底子好，我小時她便教我讀論語、孟子、大學、中庸，而父親教我書法、唐詩。我母親對中西醫都通，常把兩方面互相比較，影響我日後對中西文化比較的興趣。

說到我求學的背景也是多元性的，我在廣州天主教小學畢業，中學在香港，唸的是基督教中學，後來到臺灣師範大學唸教育系。未來台灣之前，我在香港廣僑書院，國文老師就教我們義理、考據、詞章三者不可偏廢，讀國學要通小學、明義理，懂古今人情的變遷。在通小學這方面影響我後來在師大求學很大。我到師大就一心要學好文字學，剛好那時是高鴻縉老師教文字學，他講得很好，我聽得很起勁，而且意外地，高先生很欣賞我對文字學的見解。師大畢業後，回到新亞研究所，我從唐君毅先生修中國哲學。從那時起慢慢從訓詁轉入哲學，然而我並未放棄文字和訓詁，我和唐先生談及應學訓詁或哲學，他說不該放棄訓詁，因訓詁與義理分不開。我得感謝唐先生，他那兼容並收的精神影響我後來做學問的工夫。當時師大張起鈞教授在華盛頓大學講學，推薦我到華大領獎學金，後來我出國唸西洋哲學，在華大得到碩士學位後，再唸一年博士班，便在美國正式當專任講師，那時是一九六三年，教的是西洋哲學，一教便教了十五、六年之久。

王：吳先生對哲學花相當多的時間和功力，對中西哲學已有相當的了解，您認爲哲學對現代生活還有什麼意義？

吳：一般人以爲哲學是研究古代東西的，在中國來說是孔孟、老莊、宋明，在西洋是希臘、德國的黑格爾和康德等。在我看，前人的學說只不過對時代人類經驗的反省，哲學一方面是超時代性，另一方面是要跟隨時代。換句話說，哲學是人類心靈的活動，對人類經驗本身的反省。我說的經驗並非像經驗主義那種狹義的經驗，而是包羅萬有的。想像力和想像的產品也算是經驗，文學、宗教、道德，甚至男女之間和飲食都是我們的經驗，故哲學的對象是人類經驗的全部。哲學無法脫離人生，也無法脫離經驗。我們爲何將哲學分爲形上學、知識論、價值論等等?因爲那是爲了做學問的系統化而已。而且這種傳統的分法在美國學術界已慢慢沒有力量了。現在哲學是注重人生的，譬如有一本雜誌叫 Philosophy and public affairs。我在美國也敎一門課叫「當代道德的問題」，在其中我提出現代人的許多問題，如墮胎、婚前的性行爲，和黃色的刋物問題，如查泰萊夫人的情人是色情的?還是文學藝術的?我們應以何態度對待它?哲學是否與現代有關，要視敎哲學的老師、哲學的課本及學生的學習情形各方面才能斷定。因爲哲學是一種活動，此種活動並非一個人的活動，有時是共同的活動。不能由敎授一人在臺上自言自語，獨演獨唱，而學生在下面聽講。因此我建議中國的哲學敎授應視學生的需要、背景，學生的切身問題在那裏，然後運用自己所受的訓練、所得到的智慧及其了解力、鑑別力來分析問題，把哲學和人生合成一體。我在我寫的東西裏，常引用袁枚的一首詩：「但肯尋詩便有詩，靈犀一點是吾師。斜陽芳草尋常物，解用都爲絕妙辭。」換句話說，哲學是一種反省之學，是無所不包的。我曾在英文雜誌發表一篇文章叫哲學爲 The Art of Making Sence 只要能運用方法、技巧，對任何經驗均能 make sence，能 make sence 就有現代意義了。

王：剛才吳先生談到哲學就是對人類經驗的反省，在這意義下是否接受了現代存在主義的影響，或融會了東方哲學之後才有這種講法，或原來西方哲學就有這種講法呢？

吳：老實說，那是接受現代西方哲學各學派的影響，美國實踐主義，注重經驗，在杜威「經驗與自然」第一章對經驗討論得相當清楚。存在主義和現象學也都講經驗。還有懷海德的哲學雖虛無漂渺，非常抽象，然而在其「歷程與實在」的第四頁，言及哲學是建立圓融合乎邏輯的系統以對經驗的解釋。現在的西洋哲學各家各派都有所謂反本的運動，這種運動就是go back to experience itself，即反到經驗本身。哲學家應像一個好的厨師，要把新鮮的蔬菜、豬肉、牛肉弄成好的菜，可是有很多迂腐的學者，將前人弄好的東西，重新拿來弄，就好比到超級市場，將那弄好的菜，拿回家再切再弄一樣，這是無價值的。我們應去發掘原始的材料，所謂原始的材料就是我們自己的經驗和文化。

王：照這樣說，現代全世界對哲學的認識以及發展方向，依我了解，與儒家文化就很接近了。

吳：是的，我很贊成你的說法。梁漱溟先生在「東西文化及其哲學」的後頭已有預言，他說現在西方的哲學家們正在走儒家的舊路，也就是不離實踐；還有就是從重理性慢走上重情意的道路來。像存在主義反理性主義都有這種傾向。

王：中國儒家文化為中國哲學的代表，儒家文化最重要的為道德的實踐及人格的完成，西洋哲學最近是否也注重人格的修養和道德的實踐？

吳：西洋的哲學比我們的哲學多元化，他們的宗敎哲學很强調這一點，可是宗敎以外的哲學家們都中了亞里士多德傳統的毒，以爲哲學只是一種理性的活動，在實踐方面當然沒有我們的注重。在目前世界學術來說，最注重實踐和理論合在一塊，即知行合一的，大概是存在主義和美國的實踐主義了。

西方哲學爲什麼理論和實踐距離得那麼遠呢？這在我的「比較哲學與文化」裏頭「兩種不同的心態」一文稍微有解釋，因爲他們的哲學是基於 wonder 的心態；我們的哲學是基於關懷的意識。因爲我們基於關懷所以我們注重行動；他們的形態超越了經驗而去探究更遠的東西。如宇宙的本體、神的存在等等，那是因爲西方心態 wonder 和我們的不同。因爲這個結果，西方的就如飛機的翱翔天際，而我們却脚踏實地，這些分別我們不可不知。但懷海德有一個很好的譬喻，他說哲學應當像飛機一樣，從陸地起飛出發，但飛到目的地仍要降落陸地；換句話說，哲學起於經驗，最後也要回到經驗來實證的。當然不是每一個西洋哲學家能做得到，能做得到的都很偉大。可是像我們不凌空、不超越，思維和視線就不能够廣大，思維也不會細密。你老是在地上爬，爬來爬去也爬不動，所以還是要凌空高飛，但飛起來，一去不還，也危險萬分，所以還是要回到地球來才行。

王：懷海德這個比喻實在很妙！另外，吳先生是研究比較哲學與文化的，你認爲比較東西哲學的基礎應建立在什麼基礎上？

吳：基礎是在人文的觀點，人類文化的觀點，換句話說，立場是近於儒家的，但我寫東西從不以儒家做標榜。因爲現在在中國也好在外國也好，寫東西應避免處於什麼派什麼家的立場。儒家固然是中國文化的代表，但儒家也需要其他各家支持才能發揚光大，就像牡丹雖好，也要綠葉來扶持。在我看來，儒、道、法是我國思想最够代表性的三家。當我小時候看「三國演義」，我最佩服諸葛亮，後來我才想起來，諸葛亮在中國思想史上很有意義，他「鞠躬盡瘁，死而後已」是儒家的精神；「淡泊明志，寧靜致遠」是道家的精神；他行軍、治國是法家的精神。諸葛亮之偉大雖比不上孔、孟，可是他人格的類型，是非常值得我們景仰的。大體上，我的比較基礎是屬於綜合性，不是純儒家的，也不是純道家、法家的，不是純東方，當然也不是純西方的。我在美國講學，常常拿中國的立場批評西方，那只是力求眞善美的立場。我的立場可以說是超地域的，我受儒家的影響是非常非常大的，但我不能說儒家就是唯一可奉行的南針。

王：在比較的方法上，我有一個看法，西方的阿德勒寫過「西方的智慧」，他統計西方一百個代表性的哲學家，把西方的重要觀念提出來。此地韋政通先生也寫了「中國的智慧」，他根據這些提出的觀念一一作答，另外列成一個表，表明那些是我們有的，那些是沒有的，在有之中再來比較優點，以他這個方法，似乎比較有基礎。吳先生認爲這樣的比較是否可行？

吳：假如我們中國思想史和西洋哲學中的所有觀念列舉比較，可能會產生問題，這問題是，我們很容易埋沒彼此傳統的特性。我們若用有和沒有的方式比較，看不出文化的根源和特性。學例來說，中國人偏重藝術的文化，西洋人偏重科學的文化，實在各有千秋。西洋有的東西我們不一定有—比如他們法治的傳統；我們沒有，那麼我們是否沒有辦法統治天下呢？是否無法維持社會的秩序呢？不是的，我們有我們的一套，我們有傳統的德治。西方的心態是服從律令、程序；我們的心態是對行爲模範的模仿。他們有他們的好處，我們也有我們的優點。西洋很久以前就有很發達的法律，摩西十戒是他們最早的法律，一條一條訂立的。但我們翻論語、孟子、大學、中庸連一戒都沒有，可見我們不用什麼戒，我們有自己的一套。西洋必須靠法令、規矩來維持秩序，那和科學相同，科學一定要照程序做實驗。我們的道德和社會秩序不須靠鐵律來維持，我們也自有一套，我們是服從模範，效法堯、舜、禹、湯、文、武、成王、周公，「高山仰止，景行行止，雖不能至，心嚮往之。」這是我們維持社會秩序的法寶。我們的敎育注重身敎，注重人格典型的模仿；西洋是注重法律系統化、嚴密化，所以西洋和我們的模式不同。

再拿烹飪來擧例：他們的烹飪注重用什麼材料以外，還要注意第一個步驟怎麼樣，第二個步驟怎麼樣，然後放在鍋裏幾分鐘等等，他們守規律，什麼都很準確。可是我們不管這一套，大廚師把鍋子拿在手，東一抛，西一弄，有時放鹽看也不看，抓一把撒上去。我們的烹飪是藝術，他們的烹飪是科學。可是做出來的菜那一個好吃呢？那就不用我說了。所以我覺得用有或沒有來比較中西文化，還比不到兩方面的精神所在。

王：有人說儒家文化是中國人的光榮，也有人說儒家文化阻止了中國現代文明的發展，當然功過很難說，不過在現代生活中，依吳先生的看法，儒家文化對現代人有那些幫助，能否具體提出您的高見？

吳：依我看，儒家對現代世界文化的貢獻，就是一個「情」。現代的社會是無情的社會，西歐的國家是人情的沙漠。在美國生活就體驗得出來，你要找朋友談天，人家不理你，你要找別人幫忙，叫天不應，叫地不聞。中國的社會最具人情味，人情是我們傳統的寶貴遺產，儒家把人情發揚光大，那就是孔孟所說的「仁」。我說的人情就是人心，人與人之間所產生的同情與了解，也就是一種關懷意識，與託人事、託人情不同。發展人情恰到好處，理便在其中。假定懂得「仁」的觀念就是人情，對於其他儒家次要的觀念都容易解釋，如「孝」是對父母之情，「忠」是對國家元首、長上之情，「悌」是對兄弟同輩之情，「禮」卽表達人情的一種合理方式，所謂君子是人情發展到美滿境地的人格。中華民族是非常重情的民族，尤其是我現在，十八年來第一次在中國過年，我實在很欣賞中國的人情味道。我是住在張起鈞先生家裏，年初一、初二學生都來向老師拜年或打電話來拜年，裏頭雖然有很多客套話，但却充滿了人情味，可是在美國那裏有人來找你，不管是聖誕節也好、新年也好，那邊是個顧個體的。個人主義的社會，理性主義的社會最沒有情。就這一點來說，儒家情的觀念是世界人類精神病的良藥。當今世界有一個大問題卽疏離問題，卽人與人間的隔離問題。爲何有此問題？他們就是缺乏了情感的交流。就發揚「情」這一點，我是深受儒家的影響。

王：從知識社會學的角度來看，儒家文化之所以提出「情」，應該是在農業社會，在一個沒有陌生人的社會產生的。現在的工商社會，個人忙個人的，無形中人與人之間的感情自然疏離，在這種情形下，儒家的文化能否保持下去呢？

吳：農業的時代似乎過去了，但農業的精神是不必過去的。農業文化把任何東西都視爲有生命，因爲農人每天接觸的，樹木也好，花菜也好，鷄犬也好都是有生命的東西。換句話說 concern的觀念是農業社會的產物。工商業有一個特點，即令生物也要視爲死物。譬如一個商人把魚運到臺南，他總不會連魚帶水運去，爲了節省運費，他一定把魚通通宰掉，冰凍起來再運走，像這個就是在美國無法吃到活魚的原因。把有生命的變成沒有生命的東西，你才容易管理它，容易控制它。在醫學上也表現的很明顯，在美國你去檢驗體格，醫生把你當作一個物體來看待，那個地方有毛病，他把你切開、割開，假定腿那一段治不好，他把你鋸斷，完全把你當物來處理。中醫就不這樣，大夫三個手指頭用超級的直覺把脈，直透進你生命的本體，來探討你的生理狀況。現在美國已經發現工商業文化的毛病，在食物上也注意到活的東西、生的東西。最妙的是廿世紀大哲學家懷海德，批評西洋的傳統哲學，是把宇宙視爲無生命體，他高呼宇宙是有生命的。懷氏生長在工商業社會裏，他了解到工商社會是一種死的精神。中國人是講生的精神、生命的價值。譬如「氣運生動」是藝術上的一大原理，這是從農業社會來的。你到百貨公司去看商品，是看不到「氣運生動」的。可是你去觀察生物的世界，觀察白鶴啦、老虎啦、魚啦，你可以看到氣運在他們的生命表現出來。王羲之看到白鵝游水，他就懂的書法的道理。我覺得農業的精神是什麼呢？是和自然合一的精神，從而產生生之謂德。有好生之德就是農業的精神。農業社會可以過去，農業精神是應該保留的。

王：中國哲學在知識爆發的現代中，受了很大的衝擊，二、三十年來，臺灣的哲學界不被重視，各大學的哲學系每況愈下就可以看的出來。依吳先生看，中國哲學未來的方向應如何走？

吳：這是一個很大的題目，我在「比較哲學與文化」有一章專門討論，這裏我簡單的說一下。哲學不受重視的原因很多，其中一個原因是，現代分科分的太細。你唸甲行業的，對乙行業、丙行業不懂，隔行如隔山，因此其他行業對哲學，大都一知半解。第二點，唸哲學、敎哲學的人都喜歡讀書本，那是傳統「萬般皆下品，唯有讀書高」的意識在作祟。所以哲學系的書本都以經典爲主，很少有敎授活生生的來談東談西，什麼題材都談。假定有一個哲學家把經典讀透了，再活生生的應用起來，對人生的經驗，作直覺的反省，學哲學的人也能這樣做，那麼一般人慢慢就會了解，哲學並非關在象牙塔裏的東西。我們是要唸書本，可是我們要超越書本。爲什麼呢？書本是將前人經驗系統化、結晶化，放在一起，使我們容易消化而已。可是我們消化了之後，絕不要以爲把孔孟之學、魏晉玄學、隋唐佛學、宋明理學，一直到清代樸學，攪通了，便是通儒了。那只是通書而已。中國有一句智慧的話說：「世事洞明皆學問，人情練達即文章。」我們要懂得這個道理，然後配合書本，這樣書本才是活的，不是死的。換句話說，我們要將古人的書本，賦予新的生命，這樣我們中國的哲學才有前途。其他的，在我那本書裏有詳細的說明，不再多說。

王：吳先生在廣州、香港、臺灣，後來到美國都受過教育，我想請問吳先生在這幾個不同的地方受教育，它們的教學方法和教學環境有何不同？還有青年人學習的精神有何不同？

吳：我先談談青年人學習的精神，我在去年十一月十四、十五兩天的中央日報副刊，發表了一篇文章——「中美師道的比較」，我便把美國學生的學習精神稍微談一談。我可以武斷地說，一般而論他們的學習精神遠比不上我們。遠比不上我們的原因很多，最大的原因是他們求學的機會太好了。在美國有五千多個大學和學院，加州一州就有一百零四個初級學院，我們州立大學就有十幾個分校，這樣該州納稅人的子弟和納稅人本身就有很大的機會進學校。而我們不一樣，我們進大學都是經過很大的奮鬥，很大的痛苦、用功，而且立志要很堅定才能進大學之門的。而他們不是，他們可以一方面做工，然後唸唸書來當兼差一樣的。我有一次開一門「美國的哲學」是在晚上爲他們開的，裏面的一位空中小姐，有時從聖地牙哥打一個電話來說：『吳教授，對不起啊！今天我這班飛機誤點，無法趕回來上課。』還有一個房產管理員，有時他就來一個電話說：『對不起！我有一個房客，他的洗手間水不通，我要馬上救急去了。』他又不來上課了。他們是把學業放在很次要的地位，跟我們的大學生是不一樣的。所以我前年回來在臺大當客座時，跟中國學生在一塊，心情是非常愉快的。好！現在就回頭來談到兩方面教育重點的比較。我們的教育是比較重情的教育，重身教的教育，無論教什麼，老師要喚起學生的情意。就拿敎國文來說，有時候老師在上堂背一段好的唐詩出來，或講一些好的故事出來，若從西方的立場來說那是廢話，而從我們的教育觀點，這喚起學生情意的方面，也是一個很重要的措施。西方尤其是美國，教育重「知」，在大學裏或中學裏頭是重材料、重方法，這是知性的培養。平心而論，我們的方法比不上他們，可是他們情意的教育是比不上我們的，這是大略的比較。

香港剛好是在兩者之間，香港這個地方洋不洋、中不中的，雖然是洋不洋、中不中，也有它的好處，香港的學生眼界比較廣大，因爲他們什麼東西都有得看。在香港那個地方有中國的傳統在，也有西洋的一面。香港教育最壞的一面，就是中文中學跟英文書院的分別設立，造成社會的歧視。有錢人家子弟多半是唸英文書院，家境比較差的才唸中文學校。很不幸地就是現在中文中學慢慢地減少，反而英文中學數目愈來愈多。可是現在香港中文大學的教授，很多是由臺灣過去的。最近有些人想要廢除中英文學校分開的老辦法，說不定將來香港中學的教育會比較接近中國的教育。

王：中國哲學裏面對方法跟處理資料的能力比較差，我們比較重直覺，而西方比較重方法的訓練。依吳先生的看法和經驗，一個青年人要學哲學，他的起步是先由中國哲學入門，或者先把西洋的方法訓練好，再回過頭來研究中國哲學好呢？

吳：兩種說法都有人提倡。可是我提倡的跟他們不一樣，我認爲最主要的是，中英文兩方面的能力要先搞好。要是西方語文不好，就看不懂原典，你只能看二手材料或者看翻譯本，那是沒有用的。中國語文這一方面呢？除了一般語文能力以外，我認爲要懂文字學，你假如不懂文字學的話，你只好看註解，註解並不一定可靠的，鄭康成也好，朱夫子也好，都有很多錯誤的地方，你一定要有文字學的根底，才容易發現註家的錯誤，或者有時不須要註家的註釋，你自己就可以解釋。所以在我看來，你假如中英文都好的話，那不管你先學西方，或是先學東方，都沒有什麼多大的問題，最大的問題就是，現在研究哲學的也好，敎哲學的也好，語文程度一般都不够，這一方面必須先克服。

附錄二

學海汪洋的吳森

王日叟

吳森縱不是近代最博學的學者，至少也是在文史領域裡極其少見的博雅人物之一了，我們常常稱讚人們，學貫中西，實際多半是只知道中國和西方的皮毛知識而已，只好如魯迅的刻薄話，向着洋人講中國東西，對着中國則只好講洋事而已，而吳氏則是貨眞價實的在美國講西洋哲學，而對着中國人，能講中國的學問，並且路子還很寬，不僅哲學、經學、文史、佛學，甚至搞國學的看家本領，文字、訓詁、鐘鼎、甲骨之類，他都曾深刻的研究。他當年在師大念的是教育系，但國文系主任高鴻縉逝世後，開治喪委員會整理高氏遺著「中國字例」，當場推定國文系的一位講師兩位助教，抄繕整理。但要撰寫緒論及結論，則推定由那位在美國學哲學的吳森來擔任，這就可見其一斑。

國人在美國留學，最難念的是文學與哲學，因爲那不僅須有高度的英文修養。並且須對西方學術背景，有很深的認識，才辦得到，否則頂多只能懂得字面意思，而不知道背後的含義是什麼，而吳氏則是手到擒來，似乎毫不費力，尤其是在華盛頓大學應碩士口試時，修畢課程，一齊口試的共有七個人，口試結果，六位美國同學完全不過，而吳氏獨以杜威哲學的問題獲得通過，而主問的教授 Morris Eames，正是杜威哲學專家，爲杜威全集的主編人，從此以後，他們便對吳森佩服得五體投地，Eames 夫婦（按其夫人 Elizabetlh Eames 也是哲學教授）公開向人講：「我們比不了吳森」。

按照美國的規矩，必須得了博士，然後才可升任「助教授」，而吳氏則早在未拿到博士前就應密蘇里州立大學之聘任「助教授」而講授「科學哲學」，和數理邏輯，兩科最棘手的課程。直到後來張起均教授到南伊利諾大學去講學，師友們才托張氏勸他把博士完成，吳氏這才辭去密大職務，以一年時間卽通過博士而去北伊利諾大學執敎，並任其哲學系的主任。隨後又來加州在加州州立大學，執敎講授西洋哲學，前年並開授杜威哲學。杜威是美國人自己的國寶，而視爲學術界的專利品，外國人在美國開此課實以吳氏爲第一人，眞是替中國人爭光。

自由報

一九七六、十一、三十

滄海叢刊已刊行書目㈦

書名	作者	類別
印度文學歷代名著選(上)(下)	糜文開編譯	文學
寒山子研究	陳慧劍	文學
魯迅這個人	劉心皇	文學
孟學的現代意義	王支洪	文學
比較詩學	葉維廉	比較文學
結構主義與中國文學	周英雄	比較文學
主題學研究論文集	陳鵬翔主編	比較文學
中國小說比較研究	侯健	比較文學
現象學與文學批評	鄭樹森編	比較文學
記號詩學	古添洪	比較文學
中美文學因緣	鄭樹森編	比較文學
文學因緣	鄭樹森	比較文學
比較文學理論與實踐	張漢良	比較文學
韓非子析論	謝雲飛	中國文學
陶淵明評論	李辰冬	中國文學
中國文學論叢	錢穆	中國文學
文學新論	李辰冬	中國文學
離騷九歌九章淺釋	繆天華	中國文學
苕華詞與人間詞話述評	王宗樂	中國文學
杜甫作品繫年	李辰冬	中國文學
元曲六大家	應裕康 王忠林	中國文學
詩經研讀指導	裴普賢	中國文學
迦陵談詩二集	葉嘉瑩	中國文學
莊子及其文學	黃錦鋐	中國文學
歐陽修詩本義研究	裴普賢	中國文學
清真詞研究	王支洪	中國文學
宋儒風範	董金裕	中國文學
紅樓夢的文學價值	羅盤	中國文學
四說論叢	羅盤	中國文學
中國文學鑑賞舉隅	黃慶萱 許家鸞	中國文學
牛李黨爭與唐代文學	傅錫壬	中國文學
增訂江皋集	吳俊升	中國文學
浮士德研究	李辰冬譯	西洋文學
蘇忍尼辛選集	劉安雲譯	西洋文學

滄海叢刊已刊行書目(八)

書名	作者	類別
文學欣賞的靈魂	劉述先	西洋文學
西洋兒童文學史	葉詠琍	西洋文學
現代藝術哲學	孫旗譯	藝術
音樂人生	黃友棣	音樂
音樂與我	趙琴	音樂
音樂伴我遊	趙琴	音樂
爐邊閒話	李抱忱	音樂
琴臺碎語	黃友棣	音樂
音樂隨筆	趙琴	音樂
樂林蓽露	黃友棣	音樂
樂谷鳴泉	黃友棣	音樂
樂韻飄香	黃友棣	音樂
樂圃長春	黃友棣	音樂
色彩基礎	何耀宗	美術
水彩技巧與創作	劉其偉	美術
繪畫隨筆	陳景容	美術
素描的技法	陳景容	美術
人體工學與安全	劉其偉	美術
立體造形基本設計	張長傑	美術
工藝材料	李鈞棫	美術
石膏工藝	李鈞棫	美術
裝飾工藝	張長傑	美術
都市計劃概論	王紀鯤	建築
建築設計方法	陳政雄	建築
建築基本畫	陳榮美 楊麗黛	建築
建築鋼屋架結構設計	王萬雄	建築
中國的建築藝術	張紹載	建築
室內環境設計	李琬琬	建築
現代工藝概論	張長傑	雕刻
藤竹工	張長傑	雕刻
戲劇藝術之發展及其原理	趙如琳譯	戲劇
戲劇編寫法	方寸	戲劇
時代的經驗	汪琪 彭家發	新聞
大衆傳播的挑戰	石永貴	新聞
書法與心理	高尚仁	心理

滄海叢刊已刊行書目(六)

書名	作者	類別
卡薩爾斯之琴	葉石濤	文學
青囊夜燈	許振江	文學
我永遠年輕	唐文標	文學
分析文學	陳啓佑	文學
思想起	陌上塵	文學
心酸記	李喬	文學
離訣	林蒼鬱	文學
孤獨園	林蒼鬱	文學
托塔少年	林文欽編	文學
北美情逅	卜貴美	文學
女兵自傳	謝冰瑩	文學
抗戰日記	謝冰瑩	文學
我在日本	謝冰瑩	文學
給青年朋友的信(上)(下)	謝冰瑩	文學
冰瑩書柬	謝冰瑩	文學
孤寂中的廻響	洛夫	文學
火天使	趙衛民	文學
無塵的鏡子	張默	文學
大漢心聲	張起鈞	文學
囘首叫雲飛起	羊令野	文學
康莊有待	向陽	文學
情愛與文學	周伯乃	文學
湍流偶拾	繆天華	文學
文學之旅	蕭傳文	文學
鼓瑟集	幼柏	文學
種子落地	葉海煙	文學
文學邊緣	周玉山	文學
大陸文藝新探	周玉山	文學
累廬聲氣集	姜超嶽	文學
實用文纂	姜超嶽	文學
林下生涯	姜超嶽	文學
材與不材之間	王邦雄	文學
人生小語(一)(二)	何秀煌	文學
兒童文學	葉詠琍	文學

滄海叢刊已刊行書目(五)

書名	作者	類別
中西文學關係研究	王潤華	文學
文開隨筆	糜文開	文學
知識之劍	陳鼎環	文學
野草詞	韋瀚章	文學
李韶歌詞集	李韶	文學
石頭的研究	戴天	文學
留不住的航渡	葉維廉	文學
三十年詩	葉維廉	文學
現代散文欣賞	鄭明娳	文學
現代文學評論	亞菁	文學
三十年代作家論	姜穆	文學
當代臺灣作家論	何欣	文學
藍天白雲集	梁容若	文學
見賢集	鄭彥棻	文學
思齊集	鄭彥棻	文學
寫作是藝術	張秀亞	文學
孟武自選文集	薩孟武	文學
小說創作論	羅盤	文學
細讀現代小說	張素貞	文學
往日旋律	幼柏	文學
城市筆記	巴斯	文學
歐羅巴的蘆笛	葉維廉	文學
一個中國的海	葉維廉	文學
山外有山	李英豪	文學
現實的探索	陳銘磻編	文學
金排附	鍾延豪	文學
放鷹	吳錦發	文學
黃巢殺人八百萬	宋澤萊	文學
燈下燈	蕭蕭	文學
陽關千唱	陳煌	文學
種籽	向陽	文學
泥土的香味	彭瑞金	文學
無緣廟	陳艷秋	文學
鄉事	林清玄	文學
余忠雄的春天	鍾鐵民	文學
吳煦斌小說集	吳煦斌	文學

滄海叢刊已刊行書目㈣

書名	作者	類別
歷史圈外	朱桂	歷史
中國人的故事	夏雨人	歷史
老臺灣	陳冠學	歷史
古史地理論叢	錢穆	歷史
秦漢史	錢穆	歷史
秦漢史論稿	刑義田	歷史
我這半生	毛振翔	歷史
三生有幸	吳相湘	傳記
弘一大師傳	陳慧劍	傳記
蘇曼殊大師新傳	劉心皇	傳記
當代佛門人物	陳慧劍	傳記
孤兒心影錄	張國柱	傳記
精忠岳飛傳	李安	傳記
八十憶雙親 師友雜憶 合刊	錢穆	傳記
困勉強狷八十年	陶百川	傳記
中國歷史精神	錢穆	史學
國史新論	錢穆	史學
與西方史家論中國史學	杜維運	史學
清代史學與史家	杜維運	史學
中國文字學	潘重規	語言
中國聲韻學	潘重規 陳紹棠	語言
文學與音律	謝雲飛	語言
還鄉夢的幻滅	賴景瑚	文學
葫蘆・再見	鄭明娳	文學
大地之歌	大地詩社	文學
青春	葉蟬貞	文學
比較文學的墾拓在臺灣	古添洪 陳慧樺 主編	文學
從比較神話到文學	古添洪 陳慧樺	文學
解構批評論集	廖炳惠	文學
牧場的情思	張媛媛	文學
萍踪憶語	賴景瑚	文學
讀書與生活	琦君	文學

滄海叢刊已刊行書目(三)

書名	作者	類別
不疑不懼	王洪鈞	教育
文化與教育	錢穆	教育
教育叢談	上官業佑	教育
印度文化十八篇	糜文開	社會
中華文化十二講	錢穆	社會
清代科舉	劉兆璸	社會
世界局勢與中國文化	錢穆	社會
國家論	薩孟武譯	社會
紅樓夢與中國舊家庭	薩孟武	社會
社會學與中國研究	蔡文輝	社會
我國社會的變遷與發展	朱岑樓主編	社會
開放的多元社會	楊國樞	社會
社會、文化和知識份子	葉啓政	社會
臺灣與美國社會問題	蔡文輝 蕭新煌 主編	社會
日本社會的結構	福武直 著 王世雄 譯	社會
三十年來我國人文及社會科學之回顧與展望		社會
財經文存	王作榮	經濟
財經時論	楊道淮	經濟
中國歷代政治得失	錢穆	政治
周禮的政治思想	周世輔 周文湘	政治
儒家政論衍義	薩孟武	政治
先秦政治思想史	梁啓超原著 賈馥茗標點	政治
當代中國與民主	周陽山	政治
中國現代軍事史	劉馥著 梅寅生譯	軍事
憲法論集	林紀東	法律
憲法論叢	鄭彥棻	法律
師友風義	鄭彥棻	歷史
黃帝	錢穆	歷史
歷史與人物	吳相湘	歷史
歷史與文化論叢	錢穆	歷史

滄海叢刊已刊行書目(二)

書名	作者	類別
語言哲學	劉福增	哲學
邏輯與設基法	劉福增	哲學
知識·邏輯·科學哲學	林正弘	哲學
中國管理哲學	曾仕強	哲學
老子的哲學	王邦雄	中國哲學
孔學漫談	余家莿	中國哲學
中庸誠的哲學	吳怡	中國哲學
哲學演講錄	吳怡	中國哲學
墨家的哲學方法	鍾友聯	中國哲學
韓非子的哲學	王邦雄	中國哲學
墨家哲學	蔡仁厚	中國哲學
知識、理性與生命	孫寶琛	中國哲學
逍遥的莊子	吳怡	中國哲學
中國哲學的生命和方法	吳怡	中國哲學
儒家與現代中國	韋政通	中國哲學
希臘哲學趣談	鄔昆如	西洋哲學
中世哲學趣談	鄔昆如	西洋哲學
近代哲學趣談	鄔昆如	西洋哲學
現代哲學趣談	鄔昆如	西洋哲學
現代哲學述評(一)	傅佩榮譯	西洋哲學
懷海德哲學	楊士毅	西洋哲學
思想的貧困	韋政通	思想
不以規矩不能成方圓	劉君燦	思想
佛學研究	周中一	佛學
佛學論著	周中一	佛學
現代佛學原理	鄭金德	佛學
禪話	周中一	佛學
天人之際	李杏邨	佛學
公案禪語	吳怡	佛學
佛教思想新論	楊惠南	佛學
禪學講話	芝峯法師譯	佛學
圓滿生命的實現(布施波羅蜜)	陳柏達	佛學
絶對與圓融	霍韜晦	佛學
佛學研究指南	關世謙譯	佛學
當代學人談佛教	楊惠南編	佛學

滄海叢刊已刊行書目(一)

書名	作者	類別
國父道德言論類輯	陳立夫	國父遺教
中國學術思想史論叢(一)(二)(三)(四)(五)(六)(七)(八)	錢穆	國學
現代中國學術論衡	錢穆	國學
兩漢經學今古文平議	錢穆	國學
朱子學提綱	錢穆	國學
先秦諸子繫年	錢穆	國學
先秦諸子論叢	唐端正	國學
先秦諸子論叢（續篇）	唐端正	國學
儒學傳統與文化創新	黃俊傑	國學
宋代理學三書隨劄	錢穆	國學
莊子纂箋	錢穆	國學
湖上閒思錄	錢穆	哲學
人生十論	錢穆	哲學
晚學盲言	錢穆	哲學
中國百位哲學家	黎建球	哲學
西洋百位哲學家	鄔昆如	哲學
現代存在思想家	項退結	哲學
比較哲學與文化(一)(二)	吳森	哲學
文化哲學講錄(一)(二)(三)(四)	鄔昆如	哲學
哲學淺論	張康譯	哲學
哲學十大問題	鄔昆如	哲學
哲學智慧的尋求	何秀煌	哲學
哲學的智慧與歷史的聰明	何秀煌	哲學
內心悅樂之源泉	吳經熊	哲學
從西方哲學到禪佛教—「哲學與宗教」一集—	傅偉勳	哲學
批判的繼承與創造的發展—「哲學與宗教」二集—	傅偉勳	哲學
愛的哲學	蘇昌美	哲學
是與非	張身華譯	哲學